"Procuro meus irmãos"

COLEÇÃO **Água Viva**

O discernimento
Marko Ivan Rupnik

O exame de consciência: para viver como remidos
Marko Ivan Rupnik

Nós na Trindade: breve ensaio sobre a Trindade
Tomáš Špidlík

"Procuro meus irmãos": *lectio divina* sobre José do Egito
Marko Ivan Rupnik

Marko Ivan Rupnik

"Procuro meus irmãos"

Lectio divina sobre José do Egito

Dados Internacionais de Catalogação na Publicação (CIP)
(Câmara Brasileira do Livro, SP, Brasil)

Rupnik, Marko Ivan
   "Procuro meus irmãos" : *Lectio divina* sobre José do Egito / Marko
Ivan Rupnik ; [tradução Euclides Martins Balancin]. — São Paulo :
Paulinas, 2005. — (Coleção água viva)

   Título original: Cerco i miei fratelli : *lectio divina* su Giuseppe d'Egitto.
   Bibliografia.
   ISBN 85-356-1507-5
   ISBN 88-8651-748-3 (ed. original)

   1. Bíblia. A.T. Gênesis - Comentários 2. José (Personagem bíblico)
3. *Lectio Divina* I. Título. II. Série.

05-1565   CDD-222.1107

Índice para catálogo sistemático:
1. Gênesis : Comentários   222.1107

Título original da obra: *"CERCO I MIEI FRATELLI"* – *Lectio divina su Giuseppe d'Egitto*
© Centro de Cultura e Formação Cristã (CCFC) – Arquidiocese de Belém – PA,
com licença da Editora Lipa, Roma.

Citações bíblicas: *Bíblia Sagrada* — tradução da CNBB, 2. ed., 2002

Direção-geral:	*Flávia Reginatto*
Editora responsável:	*Vera Ivanise Bombonatto*
Tradução:	*Euclides Martins Balancin*
Copidesque:	*Maria Tereza Voltarelli*
Coordenação de revisão:	*Andréia Schweitzer*
Revisão:	*Patrizia Zagni*
Direção de arte:	*Irma Cipriani*
Gerente de produção:	*Felício Calegaro Neto*
Capa e produção de arte:	*Everson de Paula*

*Nenhuma parte desta obra poderá ser reproduzida ou transmitida em
qualquer forma e/ou quaisquer meios (eletrônico ou mecânico,
incluindo fotocópia e gravação) ou arquivada em qualquer sistema ou
banco de dados sem permissão escrita da Editora. Direitos reservados.*

Paulinas

Rua Pedro de Toledo, 164
04039-000 – São Paulo – SP (Brasil)
Tel.: (11) 2125-3549 – Fax: (11) 2125-3548
http://www.paulinas.org.br – editora@paulinas.org.br
Telemarketing e SAC: 0800-7010081

© Pia Sociedade Filhas de São Paulo – São Paulo, 2005

1
Predileção que preserva uma vocação especial

A UNICIDADE E O AMOR: GN 37,2-11

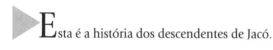Esta é a história dos descendentes de Jacó.

José, com 17 anos, apascentava as ovelhas com os irmãos, como ajudante dos filhos de Bala e Zelfa, mulheres de seu pai. E José falou ao pai da péssima fama deles. Ora, Israel amava mais a José do que a todos os outros filhos, porque lhe tinha nascido na velhice; e por isso mandou fazer para ele uma túnica de mangas compridas. Os irmãos, percebendo que o pai o amava mais do que a todos eles, odiavam-no e já não podiam falar-lhe amigavelmente.

Ora, José teve um sonho e contou-o aos irmãos, que o ficaram odiando ainda mais. Disse-lhes ele: "Escutai o sonho que tive: Estávamos no campo atando feixes de trigo. De repente o meu feixe se levantou e ficou de pé, enquanto os vossos o cercaram e se prostraram diante do meu". Os irmãos lhe disseram: "Será que irás mesmo reinar sobre nós e dominar-nos?". E odiavam-no mais ainda por causa de seus sonhos e de suas palavras.

José teve ainda outro sonho, que contou aos irmãos. "Tive outro sonho", disse, "e vi que o sol, a lua e onze estrelas se inclinavam diante de mim". Quando contou o sonho ao pai e aos irmãos, o pai o repreendeu, dizendo: "Que sonho é esse que sonhaste? Acaso vamos prostrar-nos por terra diante de ti, eu, tua mãe e teus irmãos?". Os irmãos o invejavam, mas o pai guardou o assunto.

Quando o amor provoca o ódio*

José é amado por Jacó: isso é evidente no texto. Há alguns detalhes que a narrativa insinua e que, talvez, tenham uma ligação com as histórias anteriores do ciúme de Raquel e Lia com relação aos seus filhos ou com a função, talvez ambígua, exercida por José ao contar ao pai os mexericos sobre o resto da família (a Vulgata diz: "acusou seus irmãos ao pai de um péssimo crime"), determinando, assim, mecanismos de vingança a seu respeito. Deixemos, porém, isso de lado e nos concentremos no significado espiritual e teológico da história.

A primeira constatação que salta aos olhos é que o amor desencadeia o ódio: pelo simples fato de José ser amado, os outros irmãos o odeiam. O texto diz que eles não podiam conversar *amigavelmente* com José, um termo que expressa uma atitude benévola *a priori*, pois a amizade é exatamente isto: aconteça o que acontecer, nós dois nos entendemos, não pode haver entre nós sombra de engano, pois temos um para com o outro uma compreensão *a priori* positiva. Os irmãos não podem ter tal atitude para com José. A predileção de Jacó torna José objeto de ódio para os irmãos, acumulando sobre ele o rancor dos filhos de Lia e aqueles das escravas.

---

*A história de José é muito rica também sob o ponto de vista literário, dando azo a muitas digressões que, às vezes, até complicam sua compreensão como "palavra de Deus", em vez de facilitá-la. De fato, às vezes, fazem-se muitas conjecturas para a reconstrução de uma pretensa biografia de José que, em vez de nos concentrar, nos afastam das sugestões teológicas e espirituais que essa narrativa nos apresenta. Quanto a isso, cf. o que diz corretamente DE GASPERIS, F. Rossi. *Prendi il libro e mangia. 1. Dalla creazione alla Terra promessa.* Bologna, 1997, pp. 94-95. As leituras muito psicológicas, moralistas ou romanceadas do texto, que forçariam alguns versículos, tirando-os do grande conjunto teológico e literário da narrativa bíblica, no final, de maneira mais ou menos voluntária, procuram reduzir e superar a unicidade dos destinos de cada um, como aconteceu também a respeito de Cristo, Messias e Senhor, e a respeito do próprio povo judeu. As páginas 78-96 desse texto mostram isso amplamente. Além disso, traz-nos referências sobre a exegese contemporânea:

1. Predileção que preserva uma vocação especial

Trata-se de um detalhe importante, sobretudo porque os comentaristas cristãos da Bíblia sempre viram em José a imagem do Filho de Deus. Ruperto de Deutz, autor beneditino do século XI, diz, por exemplo: "Quem pode duvidar que o Pai não ame esse José? De fato, o Pai, diz João, ama o Filho e colocou tudo em sua mão (Jo 3,35), gerando-o na velhice da eternidade: aquela velhice segundo a qual ele é chamado, e é, o "Ancião dos dias" (cf. Dn 7,13). Nessa velhice, nessa antigüidade de natureza sem-número de anos, sem começo de dias, sem sucessão de tempos, esse Pai ancião e antigo gerou o Filho igualmente ancião e antigo, e por isso o amou" (*De Sancta Trinitate et operibus eius*, VIII, 504-505). A incapacidade de olhar para José *amigavelmente* repercute também em Cristo, o Filho predileto do Pai (cf. Mt 3,17). Cristo, revelação do amor do Pai, foi também odiado e, depois, condenado exatamente por ser o Filho do Pai (cf. Mc 14,61-64). Em Jo 15,25, encontra-se, a esse respeito, uma declaração explícita: "Odiaram-me sem motivo".

Parece até que o amor se destine a provocar ódio, que, aliás, esta seja uma característica que distingue o amor de Deus. De fato, sendo o amor de Deus a santidade de Deus, a sua perfeição, não pode coexistir com o mal. E como o amor procura en-

---

textos clássicos de VON RAD, G. *Genesi*. Brescia, 1978, 2ª ed.; ID. *Teologia dell'Antico Testamento*. Brescia, 1972-1974, 2 volumes, que fazem uma cuidadosa pesquisa histórico-crítica com uma clara opção teológica, fornecendo-nos não somente o exame de cada um dos trechos ou palavras, mas uma interpretação global do Antigo Testamento recebida de Jesus Cristo; MEINHOLD, A. *Die Gattung der Josephsgeschichte und des Estherbuches: Diasporanovelle*. parte I. In: ZAW 87 (1975), pp. 306-324 e parte II; ZAW 88 (1976), pp. 72-93, onde se lê o texto de José como expressão de uma "teologia da diáspora" tanto contra o radicalismo ortodoxo dos "homens do retorno", quanto contra os grupos sincretistas, mostrando que a diáspora, por si, não impede a fidelidade a Deus e ao próprio povo; MISCALL, P. D. *The Jacob and Joseph Stories as Analogies*. In: JSOT 6 (1976), pp. 28-40, breve artigo no qual a história de Jacó e José, com seus motivos comuns da trapaça com o pai, da inimizade entre os irmãos, da reconciliação entre eles, iluminam-se reciprocamente;

globar tudo, abraçar tudo e vencer o mal, este aparece e reage. Podemos, aqui, citar santo Agostinho, o qual, no *De catechizandis rudibus* (IV, 7-8: PL 40, 314-316), afirma que Cristo veio ao mundo para revelar o amor do Pai e, mediante esse amor, suscitar nas pessoas o amor a Deus. É um movimento muito bonito, mas também muito trágico. Cristo desperta o amor nas pessoas, mas esse amor nasce somente depois da sua morte na cruz, isto é, somente depois de se ter desencadeado uma violência tão grande contra ele, a ponto de matá-lo. É o que expressa o ícone da deposição da cruz: só depois que o ser humano respondeu com a violência ao amor de Deus e que Deus foi submetido ao sofrimento e à morte, por amor, diante do corpo morto de Cristo a pessoa é capaz de ter um gesto de amor a Deus, envolvendo aquele seu corpo com a ternura. É como se o amor vencesse o mal, por meio do ódio que se desencadeia sobre ele. O amor absorve esse ódio e, dessa maneira, o vence. É então que esse amor se realiza em plenitude. No fundo, o ódio é uma espécie de perversão do amor. E como o amor gera a vida, o ódio produz a morte. Esta pode ser vencida somente por alguém capaz de absorvê-la e, portanto, deixar-se penetrar pela morte, morrer e depois ter a energia para reviver ou ser revivificado. Desse modo,

---

McGUIRE, E. M. *The Joseph story. A tale of son and father*. In: Long, B. O. *Images of man and God*. Sheffield, 1981, onde a atenção do tema da fraternidade se transfere para o da filiação; estritamente sobre a análise do texto, cf. Westermann, C. *Genesis. Kapitel 37-50*. BKAT, 1.3, Neukirchen, 1982, no qual se encontra também abundante bibliografia; Bonora, A. *La storia di Giuseppe e i suoi fratelli*. Brescia, 1987, é a reprodução da terceira parte de outra obra do autor dedicada aos "textos de fraternidade" do Gênesis 37-50, dos quais esta narrativa seria o exemplo mais complicado. Os outros motivos da história de José se encontram, portanto, em segundo plano. Ainda: Vv.Aa. *Giuseppe o l'uomo dai doppi destini*. In: *Biblia. Atti del seminario invernale*. Loretto, 26-28 de janeiro de 1990. Nesse volume são coletados os textos de G. Laras, *Il midrash su Giuseppe* (onde se acentua a interpretação contraditória que a figura de José recebeu na exegese tradicional do judaísmo antigo); de F. Flores d'Arcais, que lê a história de José na obra *José e seus irmãos*, de Thomas Mann; de F.

1. Predileção que preserva uma vocação especial

a morte não é apenas vencida, mas seu poder é exterminado (cf. Ap 1,18). E o ódio, que a produziu, passa a fazer parte do amor.

Na vida espiritual, é ilusório pensar que amando podemos automaticamente suscitar o amor. É uma espécie de idealismo espiritual. Amando pode-se suscitar o amor das pessoas já purificadas. Senão, o amor é mal-entendido e, nesse sentido, dá-se o seu martírio, como aconteceu com Cristo. Também a nossa acolhida do amor de Deus passa por um processo de purificação. Chegamos a nos abandonar ao amor de Deus, mediante fases de rebelião e de ódio (não é dito que essas fases se dirijam diretamente contra Deus), mas podem camuflar-se e se expressar como ódio e revolta contra uma regra de vida, contra uma pessoa, contra instituições ou doutrinas... Um modo refinado e velado de odiar o Amor do Rosto pessoal consiste em desacreditá-lo, contrapondo-lhe a razão, que esvazia o amor da inteligência e a inteligência do amor para afirmá-la contra o amor, como se existisse entre eles uma espécie de contradição ou de cisma *a priori*. Esse jogo de enganos é um pretexto para submeter o intelecto ao egoísmo e à auto-afirmação. Nessa direção, o intelecto inevitavelmente ficará contra o amor, devendo procurar falsos argumentos para fazer valer as próprias razões diante

---

Rossi de Gasperis, *Giuseppe, il fratello saggio: panorama sapienziale del ciclo di Giuseppe* (leitura descritiva e global do ciclo de José na tradição da "lectio divina", como diz o autor); de D. Garrone, *La storia di Giuseppe: un approccio esegetico* (ilustração das contribuições reconhecidas no texto das diversas tradições bíblicas); A. Roccati, *Ambientazione egiziana delle storie di Giuseppe e racconti romanzati paralleli* (comparação entre a narrativa bíblica e os mitos egípcios); O. da Spinetoli, *Le dodici tribù di Israel*, que não trata diretamente do nosso assunto. Quanto ao *midrash* sobre José, desta vez "renarrado", cf. LIMENTANI, G. *Il midrash. Come i Maestri ebrei leggevano e vivevano la Bibbia.* Milano, 1996, passim.

A história de José, tão rica a ponto de resumir todo o conteúdo da revelação, necessita, para ser compreendida, ser vista no horizonte do seu cumprimento em Jesus Messias. Além de todas as chamadas que faremos, vez por vez, a história de José, vendido e rejeitado pelos irmãos, ao se tornar senhor do

da evidência de um intelecto purificado, que raciocina com amor. São dificuldades que normalmente atribuímos à esfera psicológica, mas que não acabam aí. No entanto, experimentamos as mesmas tentações de cisma entre a razão e o amor nas relações interpessoais, e também numa escala mais ampla, na relação entre grupos, etnias, estados, instituições... Todavia, é sobretudo quando está em jogo a própria ação do intelecto, no campo da filosofia, das ciências e do trabalho intelectual em geral, que estamos sujeitos aos riscos de tais contraposições: é muito fácil separar a atividade da razão da criatividade intelectual do amor, confinando-o no campo ético, isto é, no âmbito do dever, ou até mesmo reduzi-lo ao espaço das obras de caridade. Também o argumento sobre Deus entra nessa tentação. E, como nos ensinam os grandes teólogos, é preciso uma grande vigilância espiritual para não cair nessas armadilhas.

Isso vale também pelo que diz respeito à missão da Igreja, à sua obra redentora e evangelizadora no mundo, que encontra espaço dentro desta parábola do amor. De fato, é utópico pensar que, amando o mundo, este automaticamente se converta, ou seja, sem tragédia. Amar o mundo pode também significar o desencadear-se do ódio do mundo à Igreja. A história da Igreja,

---

Egito, salva e reúne os irmãos, dando às gerações cristãs uma chave de leitura interpretativa da vida do Messias, como se nota pelo amplo espaço dedicado a ela no discurso de Estêvão no sinédrio (cf. At 7,9-16) e, depois, pelos testemunhos da época patrística, por exemplo, Orígenes (*Comm. in Genesim III*, 43-52: PG 12, 127c-146b e também dele, *In Genesim hom. XV, ibid.* 240 a-246b); Cirilo de Alexandria (*Glaphira in Genesim VI*: PG 69, 283d-336 a); Ambrósio (*De Joseph*. In: CSEL 32/2, Wien, 1897, pp. 71-122); Efrém (*In Genesim et Exodum commentarii*. In: CSCO 152, Script. syri 71, Louvain, 1955, tradução latina CSCO 153, Script. syri 72, ib. 1955), todos os seus comentários. Ou de época medieval (entre os quais RUPERTO DE DEUTZ. *De Sancta Trinitate et operibus eius*, VIII,18 – IX, 20. In: CCCM 21, Turnhout, 1971, pp. 502-553).

Sem pretensões, este texto procura oferecer uma leitura da história de José que, levando em conta a riqueza descoberta pela exegese moderna e contemporânea, tenta lê-la num contexto interpretativo no qual a Bíblia é Palavra de

1. *Predileção que preserva uma vocação especial*

e sobretudo a dos santos, confirma continuamente que a Igreja transforma o mundo, assumindo-lhe a reação pecadora, como fez Cristo (cf. Cl 1,24). O pecado é deicida. Tão logo Deus assumiu um corpo, o pecado o matou.

A Igreja, que é a mística e real corporeidade do Senhor no mundo, está continuamente sob a mira do pecado. Ou melhor, quanto mais ela vive consciente e autenticamente de Cristo, mais o mundo não a suporta. Mas é então que, cada vez mais, se revela o pentecostes da Igreja que a faz continuamente ressurgir e progredir. Tanto isso é verdade que o antigo adágio diz explicitamente: "O sangue dos mártires é semente de novos cristãos" – *sanguis martyrum semen christianorum* (Tertuliano, *Apol.* 50, 13: CCL 1,171). Agora, o martírio passa do seu aspecto físico para a sua dimensão espiritual, moral e cultural.

Nesse sentido, a caminhada de José torna-se assim parábola não só da caminhada de Cristo, mas da caminhada de todo batizado e da Igreja. Buscar aplausos e aprovações não faz parte da caminhada espiritual, porque não faz parte do amor. É o amor do Pai, em última instância, o motivo do drama do cristão no mundo, porque o livra das reações, embora lógicas e compreensíveis, opondo-se ao mundo.

Deus que fala ao homem e se revela a ele; toda a Bíblia é um livro único, como é único o Verbo de Deus encarnado e única é a salvação; toda a Bíblia tem um sentido espiritual, que é Cristo, e que, portanto, deve ser interpretada também com a tradição e em continuidade com ela, ouvindo todas as ressonâncias que a história de José provocou nas diversas gerações cristãs.

A Palavra de Deus é o âmbito vital mais co-natural ao ser humano. É na Palavra de Deus que ele pode se purificar e pode amadurecer todas as dimensões da sua personalidade. É na Palavra de Deus que o ser humano saboreia a unidade que faz dele um ser bem-aventurado. Mediante a Palavra de Deus, os sentimentos do ser humano são iluminados, o pensamento se desenvolve, o conhecimento cresce, a sabedoria amadurece. A Tradição é precisamente esse "prolongamento" da Palavra de Deus. A Tradição torna-se um tesouro da compreensão da Palavra, uma iniciação para saborear a Palavra, e guarda a Palavra como símbolo em toda a sua plenitude. Várias tensões dualistas e

Segundo uma certa lógica do mundo, é grande quem reage, quem é forte, quem "bate mais". O amor, porém, desmente tal mentalidade com a capacidade de ressurreição que lhe é intrínseca. Por isso, forte é quem é fraco aos olhos do mundo, e feliz quem for derrotado pelo mundo. Ao mesmo tempo, o amor do Pai salva o cristão também do risco da carolice e do fanatismo, isto é, quando com a etiqueta da fé se cobrem atitudes, ações e mentalidades que podem provocar reações até mesmo violentas de perseguição, as quais, entretanto, se justificam. Alguns comportamentos e mentalidades do cristão provocam reações por parte do mundo, não por causa da conformidade com Cristo, mas de uma compreensão ideológica do cristianismo. O perseguido por causa do amor é sempre uma revelação do amor.

A Igreja sabe que o verdadeiro e definitivo êxito da história e de todas as histórias se realiza por meio da cruz e, na luz do Espírito Santo, abre-se até à realidade escatológica. Isto é, ela sabe que a verdade das ações humanas não se esgota aqui, mas se aprofunda na revelação da parusia. Os aplausos fáceis, as aprovações superficiais, os consensos convenientes são brilhos do enganador. Pode-se amar o mundo, trabalhar para ele e obter um certo sucesso. Entretanto, na ótica espiritual, tudo isso não

---

gnósticas que levam a Palavra a vários reducionismos são superadas nesta sua compreensão, à maneira de símbolo. Na Palavra-Símbolo é o Espírito Santo que abre os nexos comunicativos entre Deus e o ser humano, entre este e a criação, entre a história penosa do tempo e a transcendência de Deus, entre o temporal e o eterno, entre o frágil e o absoluto, entre o pecado e a santidade. Refletir, sentir, saborear, desejar na Palavra de Deus significa embeber-se do Espírito Santo que dá a vida e derrama no coração o amor do Pai. Por isso, significa também encontrar-se junto, formar o pensamento, a vontade, o sentimento e os sentidos na Igreja, com os outros; significa entender e compreender com toda a memória das gerações anteriores, com os santos Padres, com os mestres, com as santas e os santos, na liturgia durante uma celebração espiritual em que as linguagens se aproximam, onde os gestos, as metáforas, os sons, os cantos, as idéias e as imagens estão impregnados de uma comunicação pessoal e comunitária da Verdade que é a Pessoa Viva para sempre.

significa ainda aquela missão amadurecida no amor que produz frutos duradouros. Isto porque é impossível passar da Quinta-feira Santa para a manhã de Domingo da Ressurreição, sem viver a paixão e a morte da Sexta-feira Santa e a expectativa do Sábado. Somente uma missão permeada pelo amor da Sextafeira Santa e do Sábado santo gera para a ressurreição.

José, como filho predileto, foi enviado ao Egito para encontrar-se aí antes dos irmãos, a fim de salvá-los. Mas essa predileção passou pela cisterna, pela prisão e por muita solidão. A parábola de José, que começa com o amor de Jacó para com esse filho, se apresenta logo de início, na visão bíblica, como uma parábola do discernimento. Faz-nos discernir o caminho para a verdadeira vida dos atalhos fáceis e o sentido verdadeiro do imediato que satisfaz, mas não salva. A história de José, com o seu realismo trágico, traça uma linha divisória entre o verdadeiro e o ilusório, entre o espiritual e o engano.

O "algo mais" do amor

Outro detalhe interessante do trecho: "Israel amava mais a José do que a todos os outros filhos". Para alguns, isto poderia justificar o ódio dos irmãos: se José é o predileto do pai, é claro que isso desencadeia inveja e ciúme nos outros. O ciúme e a inveja estão sempre ligados à posse, à comparação numa escala quantitativa. Perene tentação dos seres humanos é, de fato, a de fazer do amor uma realidade objetual, reduzida a esquemas quantitativos. Contudo, se o amor define a pessoa e esta se realiza no amor, ela possui o amor necessário para realizar a própria vida.

"Dá-me o teu amor, e isto me basta", diz santo Inácio de Loyola. O núcleo essencial do amor é a liberdade. O amor é um vínculo inquebrantável com um espaço de liberdade infinita. Ama e deixa livre. Consegue incluir até mesmo a recusa do amor, mas nem por isso deixa de amar. De fato, o amor é livre adesão.

O ser humano, imagem de Deus, é pessoa exatamente porque imagem do amor do Deus tripessoal, do Deus da livre adesão no amor.

O ponto de partida para uma compreensão teológica do ser humano é, portanto, a vocação: Deus o cria, espirando-lhe, no Espírito Santo, o amor do Pai que é a fonte da vocação. A pessoa pode fazer qualquer coisa, mas se não a viver na caridade, para nada lhe serve. Não só: o ser humano "nada" é (cf. 1Cor 13,2-3). Podemos dizer que a pessoa é aquilo que é chamada a ser. As parábolas bíblicas, tanto a global como aquelas das grandes figuras que são seus protagonistas, têm como ponto de partida a vocação (cf. Abraão, em Gn 12,1-4; Moisés, em Ex 3,4; Jeremias, em Jr 1,4-10; a Mãe de Deus, em Lc 1,30ss etc.). Em sentido ontológico, o ser humano é um ser dialógico. Ele é diálogo, colóquio, vocação. Ora, toda pessoa, pelo mesmo fato de existir, revela que participa do amor de Deus, que é visitado por Deus e é portador dessa anunciação espiritual (cf. Sl 22,10; Jr 1,5; Lc 1,41). Portanto, a pessoa é um ser da vocação.

O amor se realiza no misterioso, no inacessível espaço entre Aquele que chama à vida, espirando no Espírito Santo o amor e a vida, e aquele que é chamado, que existe em virtude desse chamado e cuja vida consiste em responder a ele. Nesse espaço entre o Pai doador do Espírito que concede o amor (isto é, a vocação) – cf. Rm 5,5 – e o ser humano chamado no amor, que se realiza aderindo livremente a essa vocação (e nisso consiste o seu verdadeiro sim à vida), realiza-se todo o amor. E este é necessariamente todo pessoal e todo livre. De outra forma, não seria amor. E como o amor é compreendido na chave da vocação, é evidente que pode haver um "amar mais". Seria, porém, desviar do assunto inserir nisso uma medida quantitativa. Se perdemos essa visão da pessoa e substituímos essa lógica do amor livre por critério quantitativo, por uma cultura reificadora e reificada, a igualdade se torna um critério indispensável, mesmo que seu sentido autêntico permaneça incompreendido. Substitui-se o amor pela sua expressão, o doador pelo dom e a ba-

1. Predileção que preserva uma vocação especial

lança da medida se torna o critério e a justificação do próprio contentamento ou da própria revolta.

No mundo bíblico, essa mentalidade é o primeiro fruto do pecado. Quando, em Gn 3, se substitui Deus por um ídolo; quando, em vez de admitirmos Deus em sua verdade com uma constatação religiosa, nos o reduzimos e os seus atributos a uma idéia nossa qualquer, também a nossa mentalidade se plasma por essa idolatria. Enquanto culto de coisas inanimadas, a idolatria torna os seus seguidores semelhantes a elas, reduz o ser humano a escravo de uma cultura dos objetos e das coisas mortas às quais atribui um poder salvífico, mágico, sobrenatural (cf. Sl 115,4-8).

Em Gn 4, vemos que Caim, baseado nesse princípio, se submete a uma mentalidade de ciúme, porque atribui um peso existencial irrenunciável a certas coisas. Isso, porém, o faz viver num nível bem inferior ao da realidade verdadeira do amor, e o seu conhecimento dos fatos e das pessoas se torna cego. Nós nos movemos numa superestrutura da vida, numa hipótese, num pensamento desligado da realidade. Somos, assim, constantemente tentados a olhar para os dedos de Deus, a fim de ver se ele age bem, se distribui com igualdade as coisas. Queremos controlá-lo e, de algum modo, submetê-lo à nossa cultura mesquinha, marcada por uma lógica de ciúme (cf. Mt 12,38; 22,35; Mc 8,11-12; Lc 11,16 etc.). E como o ciúme é atitude do ser humano só, isolado, desligado da fonte da vida, tudo aquilo que pode criar uma mentalidade desse tipo leva, de um modo ou de outro, à morte. Um pensamento desligado da vida pode até justificar o homicídio, o pretexto para agir mal, o álibi para ações deicidas e fratricidas, mas não pode produzir nada de vivo nem raciocinar em favor da pessoa viva. Por isso, como diz a Escritura, o ciúme e a inveja são o caminho pelo qual a morte entrou no mundo (cf. Sb 2,24). Quem se soltou do abraço do amor, isto é, não aderiu livremente ao amor, não percebe mais quanto é amado, mas olha com ciúme quanto o outro é amado. Ou melhor, não se sentindo amado, e até virando as costas para o amor e abraçando uma cultura idolátrica e reificada, mede como o outro é amado, com uma ótica quantitativa, possessiva das coisas e com ciúme. Por isso, nunca verá realmente como o outro é amado. E aquilo que desejaria que fosse amor para ele, o modo com que gostaria de ser amado, é apenas expressão de uma fome insaciável de coisas. Solov'ëv aplica a essa doença espiritual o conceito filosófico da má infinitude. De fato, a pessoa pode ser saciada somente pelas relações livres e amorosas e pelas coisas que um semelhante amor permeia e doa.

Também o filho pródigo pensava que gerindo as coisas segundo sua própria vontade – e, portanto, possuindo-as – sentir-se-ia realizado. Mas somente quando volta para casa, o abraço do pai lhe faz ver as mesmas coisas que ele antes havia pego para possuí-las, mas que, agora, lhe fazem lembrar o pai, o seu amor, preparam a festa e lhe pertencem inteiramente.

É claro que, para uma pessoa ciumenta, o verdadeiro significado do amor pessoal e livre permanece totalmente escondido e repleto do desejo de coisas, de gestos, de afirmações que nunca produzirão vida, amor e relações livres, elemento constitutivo do próprio ser humano. Ao contrário, permanecendo dentro do espaço do amor, portanto de compreensão da pessoa como vocação, é que intuímos como o outro tem o amor que lhe é necessário para realizar a sua vocação e se realizar como pessoa à imagem do Deus trinitário, ou seja, pessoa de relações livres vividas como filho adotivo. De fato, se percebo o quanto tu me amas, não posso odiar aquele outro que tu amas, porque, causando-lhe mal, eu prejudico a ti (cf. Mt 25,40). Em verdade, no relato bíblico, o ódio a José se torna um ataque a Jacó.

Voltemos à frase "Israel amava a José mais do que a todos os outros filhos", prescindindo do fato de que se trata de uma parábola que Deus Pai nos oferece para uma sua compreensão, ou que José é filho de Raquel, a esposa que Jacó mais amava.

O significado espiritual nos leva à compreensão da pessoa como vocação. José tem uma vocação muito mais exigente do

1. Predileção que preserva uma vocação especial

que seus irmãos. Nessa vocação se resumirá a tríplice reconciliação como resposta ao mal causado pelo pecado. José colocará seus irmãos em relação com o pai e entre si. Portanto, uma tríplice reconciliação com Deus, com o outro, e tudo isso através da terra, da criação, dos frutos da criação que, não mais considerados como "mercadoria", são meio de encontro e de comunhão. É por causa da exigência dessa vocação que José recebe de Jacó o amor necessário para realizá-la. E vice-versa. Por causa do grande amor de Jacó, José pode realizar essa missão.

O "algo mais" se refere a esse espaço íntimo do amor e da pessoa criada onde ela se realiza, deixando-se penetrar pelo amor. De maneira alguma diz respeito às categorias das diferentes vocações da humanidade. Para uma pessoa, o seu "algo mais" acontece num estado de vida; para outra, o seu "algo mais" pode estar em outro lugar ou ao lado de uma outra pessoa, mas de maneira diferente, porque sempre pessoal.

Cada irmão tinha uma vocação e todos haviam recebido de Jacó, como bom pai, o amor paterno necessário para realizá-la. Mas dado que a vocação de José será a de recompor a família, reencontrar os irmãos como filhos de Jacó, há um "algo mais" no amor do pai por ele. A vocação de José era a de orientar os irmãos para o pai, isto é, a de levar a sério o fato de esta paternidade convertê-los de seus esquemas, de suas mentalidades, de seus apegos – pastos, gado, força –, para a relação com o pai e entre si, a essa dupla identidade do ser humano: filho e irmão.

Jesus, o Filho amado de Deus Pai, também realiza a sua missão, convertendo as pessoas para Deus e fazendo-as orientar-se umas para as outras na comunidade e na Igreja. E também a Pedro, que tem a vocação de reunir e confirmar os irmãos (Lc 22,32), Jesus pergunta se o ama "mais" (Jo 21,15).

José é o predileto de Jacó, pois sua vocação será a de manifestar aos irmãos o amor preferencial do pai, a fim de que todos eles possam se encontrar nesse amor. E será precisamente esse amor de predileção que se materializará no trigo em abundância, para que os irmãos possam viver e que, em última instância, se expressará no rosto de Jacó. No amor do pai todos se descobrirão irmãos e filhos, graças àquele que foi jogado na tragédia (José), isto é, nas mãos daqueles que não se sentem amados (os irmãos), a fim de que possam descobrir-se como bem amados.

Essa realidade da predileção mostra imediatamente a ligação com Cristo e com o seu Pai que está nos céus. Cristo, que o Pai declara ser seu Filho predileto e no qual ele se compraz, deverá entrar na tragédia do pecado para levar os seres humanos a descobrir o rosto do Pai. Este, por sua vez, os fará descobrir que são amados precisamente por meio do Filho predileto, para começar uma caminhada como filhos que não medem mais o amor, que resistem à tentação do ciúme, porque têm o amor em abundância. Porque o Pai não poupou o seu Filho, mas o entregou a eles, para que descobrissem que são amados de tal modo a realizarem a vocação que justifica a existência deles como filhos, capazes de se alegrarem com os irmãos. O Pai não poupou o seu próprio Filho, mas entregou-se com ele e nele nas mãos dos que ainda eram inimigos de Deus (cf. Rm 5,6-10 e 8,32), a fim de que estes possam se descobrir amados por ele e, embora pecadores, dignos da sua confiança. É evidente que os seres são amados pelo Pai a ponto de este não poupar seu próprio Filho. Dessa maneira, eles foram atingidos pelo amor do Pai e, por ciúme, levantaram a mão contra o irmão a fim de tirar-lhe o amor de que fora revestido.

A salvação de Cristo é exatamente o aniquilamento da lógica do ciúme e da inveja. De fato, um critério muito importante para se avaliar a vida espiritual é ser capaz de se alegrar com o sucesso e com o bem-estar do outro, com o amor com que o outro é acariciado, pois isso é sinal de ser amado pelo Pai. Alegra-se porque a outra pessoa adere a Deus, alegra-se com Deus e Deus o abençoa. Quem não está com Deus, não se chega a tanto, nem pode vencer as invejas e as desilusões.

1. Predileção que preserva uma vocação especial

Uma observação interessante, feita por Vladimir Solov'ëv, nos ajudará a compreender melhor. José é o último dos filhos de Jacó, o filho que lhe nasceu na velhice. O pai, amando mais o último, num certo sentido não respeita a hierarquia humana, segundo a qual todos os privilégios cabem ao mais velho. Os irmãos, ciumentos, tendem a nivelar o amor. O ciúme é, então, provocado por um falso conceito de justiça, fruto do pecado, porque, como diz Solov'ëv, o pecado quer um nivelamento, uma uniformidade para baixo. Não é que todos aspirem a ser mais amados do que José. Desejariam apenas que Jacó o amasse menos.

A primogenitura e a eleição

Um detalhe importante da narrativa é a questão da primogenitura e do filho mais novo. Também Jacó era o filho mais novo, mas, mediante a trapaça, havia extorquido de Isaac a bênção da primogenitura. Agora, faz a experiência de amar mais o filho caçula, o filho que o próprio Deus lhe concedeu, pois que o teve na velhice, quando a mulher não é mais capaz de conceber. Um certo direito dentro da cultura patriarcal é completado pela eleição. No final da narrativa, quando José lhe apresenta seus filhos para abençoá-los, Jacó também cruza as mãos e coloca a direita sobre a cabeça do mais novo, Efraim (cf. Gn 48,13-21).

É um fato curioso que o amor do qual provém a vocação aja por meio da eleição e que a pessoa que não está dentro dessa lógica veja a eleição como um critério de discriminação e, portanto, como motivo de luta que pode chegar até ao homicídio.

A Bíblia revela essa dificuldade que continua sendo uma constante da humanidade. A partir da primeira eleição, cujo autor não é um pai, mas o próprio Deus – a de Abel –, até o fim do percurso, onde novamente em Jesus Cristo é Deus o explícito autor da eleição, o desencontro continua, e Cristo deverá assumi-lo com o preço da própria vida. Por outro lado, sabemos também como é difícil, na vida espiritual, assumir a vocação e a eleição, quanto é insidiosa a tentação de tomar a eleição como alavanca de força, como ponto para se impor mediante um direito exclusivo. Mas como a eleição se fundamenta no amor, é impossível vivê-la fora da lógica do amor e do seu âmbito. Por isso, vemos em Cristo a imagem pura, sem sombra, de uma vida vivida na plenitude da eleição e na totalidade da vocação. Cristo é a imagem do sacrifício no amor e de uma absoluta *kenosis* da vida do eleito. Mas não é somente imagem. É o âmbito no qual se consuma toda vocação e toda eleição. De fato, José, imagem de Cristo, assumirá, no início, essa eleição ainda de maneira inconsciente. Não se dá conta de todos os aspectos que tal vocação e eleição implicam. E isso o veremos, agora, em seus sonhos, onde será desenhada a sua vida, mas sem que ele esteja consciente de todo o alcance religioso neles contido.

Os sonhos

Os sonhos são outro elemento fundamental da história de José. O primeiro sonho refere-se a uma espécie de colocação de José acima de seus irmãos; no segundo, até seus pais iriam participar de um ato de veneração à sua pessoa.

Os sonhos são uma realidade que teologicamente devem ser encarados com cautela, pois podem pertencer ao mundo mitológico, e até gnóstico... Na Bíblia, o sonho é muitas vezes o momento do chamado, momento em que Deus se revela a alguém. Portanto, trata-se de uma espécie de profecia, de manifestação da vocação, visto que, seguindo a inspiração vinda no sonho, a pessoa se salva.

Geralmente, existem dois tipos de sonhos: os sonhos de vocação (cf. 1Sm 3) e os sonhos de proteção (cf. Mt 2,13-15). Em ambos os casos, porém, trata-se da mesma realidade. No sonho da vocação, alguém vislumbra o olhar de Deus em sua vida, e anuir a isso significa a salvação, a proteção da própria pessoa. Ora, é interessante como José, apesar de se encontrar

1. Predileção que preserva uma vocação especial

numa situação difícil, a partir do momento que é, de fato, amado pelo pai, mas exatamente por isso objeto do rancor dos irmãos, tem sonhos que o colocam no centro: o feixe diante do qual todos se prostram, o sistema solar que se inclina diante dele... Os feixes de trigo tornar-se-ão uma realidade-chave na vocação de José. Não só os irmãos que se inclinam diante dele, mas o alimento é que irá salvá-los. E não apenas porque dará a salvação corporal, mas porque, por meio do trigo, chegarão a compreender a pedagogia de Deus. Esta revelará o amor de Jacó e, portanto, o amor como união de toda a família. Também aqui subentendida a ligação com Cristo, com o trigo, com o pão, com a Eucaristia que nos alimenta (cf. Jo 6,48ss).

No segundo sonho, em que o sistema solar presta homenagem a José, destaca-se o princípio cristológico: Cristo, rei do universo, senhor e juiz universal, ao qual as leis cósmicas e a ordem preestabelecida obedecem, como os santos Padres já interpretavam a aparição da estrela, por ocasião do seu nascimento (cf. também Cl 1,16; Mt 8,27...). "Quem é aquele que seus pais e seus irmãos adoram na terra, a não ser Cristo Jesus, quando José e sua mãe juntamente com os discípulos o adoravam, afirmando que aquele corpo era verdadeiro Deus – isto é, aquele do qual unicamente se diz: Louvai-o, Sol e Lua, louvai-o, vós todas, estrelas brilhantes [Sl 148,3]" (Ambrósio, *De Joseph* 8,76).

Alguém poderá perguntar: tais sonhos não expressam, talvez, um grande subjetivismo, um narcisismo? O chamado de Deus que, na Bíblia, pode ter o seu início ou a sua conscientização no sonho leva em conta a pessoa concreta. O chamado, a vocação, nunca é algo de abstrato, nem genérico, nem igual para todos. Como já foi dito, a pessoa é definida pela sua vocação, que é sempre concreta. Isso significa que o caráter, os talentos, a história pessoal, até as tendências negativas talvez, no caso de José também uma espécie de narcisismo, não suprem a ação de Deus e o seu chamado. A vocação é recebida por uma pessoa concreta, dentro da sua história e da sua cultura.

O fato mais interessante é que o sonho, neste caso, é como uma visão profética que, por um instante, a pessoa vislumbra e que depois irá vivê-lo por toda a vida. Não é uma espécie de ideal que se revela à pessoa e para o qual ela, depois, terá propensão. O sonho bíblico é quase sempre explicitamente dialógico. É uma realidade simbólica da qual a pessoa já participa e que, pouco a pouco, Deus conduzirá à plenitude. Também não se trata de uma visão idealista, de uma realidade que exige, num segundo tempo, uma concretização histórica, fenomenológica. É, antes, uma íntima, pessoal comunicação de Deus à verdade da própria pessoa, segundo a lógica divina. É um momento de graça que, com a eficácia típica da profecia, faz a pessoa participar do olhar de Deus sobre si, sobre a vida, sobre a história ou sobre qualquer outra realidade. De fato, na vida espiritual, cada um de nós pode constatar que as opções mais importantes, a nossa própria vocação e o modo de realizá-la, não são uma teoria que aprendemos, entendemos ou construímos e que, depois, as vivemos como uma espécie de projeção no concreto. Se assim fosse, a vida seria um contínuo conflito entre as idéias e a própria realidade.

Quando procuramos aplicar na vida princípios abstratos, teorias ou ideologias construídas apenas racionalmente, tudo isso se traduz simplesmente num grande sofrimento. Nesse caso, restam apenas duas saídas inevitáveis: ou o fatalismo, ou um contínuo compromisso, porque nem mesmo com a violência se consegue submeter a vida a esquemas abstratos. É na vida cotidiana, concreta, que a vocação da pessoa se compreende nos momentos de graça, numa sinfonia a várias vozes: a voz do Espírito no coração, a voz da Igreja, a voz da Sagrada Escritura, das pessoas próximas, os talentos e as inclinações pessoais, as necessidades do povo, do mundo etc. E a compreensão é um processo dinâmico que dura por toda a vida. E há também, aqui, um amadurecimento que vai da tentação ideologizante, projetual até a constatação religiosa, humilde, que é importante ser servo do amor, servo inútil que não busca mais realizar os próprios projetos, afirmar-se, mas que sabe ser o amor, ao mesmo tempo, totalmente irrepetível e pessoal e inteiramente objetivo, transindividual e universal. Passa-se do "fazer" para o "seguir" o Mestre a fim de poder revelá-lo, do agir para testemunhá-lo no agir e no ser. Neste ponto, Solov'ëv pode de novo nos ajudar, com sua visão do amor conjugal, onde encontramos novamente a concepção do sonho como vocação e, depois, como longo caminho da realização do amor. Os apaixonados se vêem belos, luminosos, porque se olham com o olhar do amor que os arrebatou. Mais tarde, porém, percebem que, na concretude histórica, fenomenológica deles, não são assim. Ao contrário, começam a aparecer as falhas, os defeitos, os pecados. É, então, que amadurece a decisão pela vocação, por um empenho e um trabalho na fidelidade, a fim de se ajudarem mutuamente a se tornar como se viram com olhar de amor. Para cada vocação, o artífice principal é a Pessoa divina que serve de intermediário, isto é, o Espírito Santo. E aquilo que Deus vê nos céus, o Espírito Santo torna visível na história daqueles que se deixam guiar por ele.

Se entendermos o sonho em termos de percepção da vocação e, portanto, do amor, a realização passa pela modalidade do amor, isto é, pelo sacrífico. Um sacrifício que não somos nós que escolhemos, senão não seria sacrifício. A própria vida e os outros é que exigem isso de nós. Aliás, é o próprio amor que o exige. Se não for um sacrifício suportado no amor e por amor, será perverso, descabido, insensato, sacrifício que, de um modo ou de outro, revela uma patologia. Ao sonhar com os feixes e as estrelas que se inclinam diante dele, José recebe de Deus o sinal de uma vocação que se explicitará somente no final da história e que se realizará plenamente em Cristo. É ele que reunirá a humanidade dispersa pelo conflito, pelas contradições, precisamente quando for levantado da terra (cf. Jo 12,32). E isto será feito por aqueles pelos quais ele se encarnou por amor e pelos quais foi chamado. Como José, que se tornará o elemento unificador dos irmãos, os filhos de Jacó, graças ao mal que eles mesmo lhe infligem.

A vocação, como realidade do amor, vive o seu primeiro grande drama no meio dos familiares, dos mais próximos, os quais se revelam como verdadeiros distantes que devem ser aproximados. Contudo, ao mesmo tempo, mediante sua resistência e sua oposição, estes ajudam a discernir e a verificar a nossa própria vocação.

Em se tratando da vocação no sentido teológico e, portanto, do amor do Pai, entra na páscoa, ressuscita e continua existindo.

Se o sonho é a visão da vocação que, arrebatados, entrevemos no olhar de Deus, seguindo a visão tida no sonho chega-se sempre a realizar a vocação, porque Deus nos orienta e nos protege nessa caminhada.

É interessante ver como a caminhada de José, na realização desses sonhos, se faz através de uma estrada cheia de perigos e de contínuas mortes. Ele sofrerá muitas vezes nessa estrada, mas estará sempre protegido por Deus. Através desse percurso difícil é que se delineará a sua verdadeira vocação.

O amor de Jacó, imagem do amor de Deus Pai, fará com que José ressuscite sempre. Tanto é verdade que, quando o Filho de Deus for morto, o amor do Pai, na força do Espírito Santo, o ressuscitará. Essas mortes, essas provas, são verdadeiros lugares de teofania para José. De fato, na história dele, diferentemente das narrativas de Abraão, Isaac e Jacó, não há teofanias. Deus permanece misteriosamente escondido ao ser humano, mas sempre presente em sua história. Deus age, mas por meio das ações e também dos pecados dos seres humanos que José reconhece como sendo a voz do Senhor. Deus não fala diretamente a José, como fizera com Abraão, Isaac e Jacó. Todavia, está sempre presente e é o ator principal da história. E José reconhecerá essa presença, como se lê no capítulo 45 do livro do Gênesis. Sua voz não é mais "outra" e desconcertante, como o era para Abraão, mas torna-se algo íntimo do homem, uma voz que desce do alto e que o envolve por inteiro, tornando-o capaz de ler tudo na chave da fé.

1. Predileção que preserva uma vocação especial

De fato, no começo, José não sabe que os sonhos são mensagens divinas, um verdadeiro chamado. Contudo, em toda a história, nota-se essa sua atitude religiosa de fundo, esse temor de Deus, graças ao qual Deus é o primeiro e o único. E é esse o princípio da sabedoria (cf. Sl 111,10; Pr 1,7). Por isso, de fato, vive de acordo com os sonhos, porque passo a passo deixa-se guiar pelos encontros, pelos acontecimentos, de modo que se revela toda a sua vocação.

Nota-se nele um coração de criança, a pureza que permite ver a Deus, que dialoga com tudo, porque tudo está vivo e em tudo Alguém lhe fala. José não sabe que foi Deus quem lhe enviou os sonhos, mas, porque ama, está disponível para compreender o amor.

Neste sentido, a história de José é extremamente necessária para a vida espiritual, porque também na vida do cristão normalmente são raras as teofanias explícitas, os verdadeiros fluxos da graça, mas Deus nos guia com a sua sábia providência mediante os encontros, as pessoas, os acontecimentos, os lugares. Trata-se, então, de ter a sabedoria para discernir e avaliar como o que nos acontece na vida do dia-a-dia faz parte da nossa vocação para a qual Deus nos chamou. Geralmente, não se trata de revelações excepcionais, mas daquela íntima percepção que, nos acontecimentos, nos encontros, no cotidiano e na história, Deus, no Espírito Santo, fala comigo, se comunica, orienta a minha vida para ele, me abraça, me torna semelhante a si. É a extraordinária arte espiritual que consiste em encontrar Deus em todas as coisas e em todos os acontecimentos, viver (cf.1Cor 10,31) e fazer tudo em Deus e com Deus. Não se trata de algum resíduo de magia ou, pior ainda, de certo tipo de fundamentalismo. É a sadia arte de que se orgulha a espiritualidade cristã: a vida no amor de Deus, onde todas as coisas recordam o Amado. É a vida no *kairós*, isto é, aquela plenitude do amor que diminui as distâncias através da contemporaneidade e da co-presença do Senhor que nos fazem perceber um tempo e uma vida plenos.

Os irmãos de José não vivem na livre adesão do amor filial, mas submetidos a uma lógica de inveja. Por isso, não são capazes de compreender os sonhos que, neste contexto, se tornam um incentivo a mais para odiar o irmão. Interpretam os sonhos somente dentro desse cálculo psicológico do ter e do poder, de ser mais ou de ser menos.

É interessante constatar a habilidade de certos santos em intuir a vocação das pessoas, por meio dos sonhos e dos desejos que elas tinham. Basta pensar no encontro de Inácio de Loyola com Francisco Xavier, dois homens de caráter fortíssimo e de grande visão, projetados para o mundo, para a afirmação, para o sucesso, sob um ponto de vista psicológico. Entretanto, Inácio não viu Xavier como rival, como alguém que o pudesse superar. Nas visões e nos sonhos que Francisco revelava a Inácio, este lia o Espírito que, dessa maneira, chama à revelação de Deus, por meio do próprio Francisco.

"ESTOU PROCURANDO MEUS IRMÃOS": GN 37,12-20

Ora, como os irmãos de José tinham ido apascentar os rebanhos do pai em Siquém, Israel disse a Jacó: "Teus irmãos devem estar com os rebanhos em Siquém. Vem! Vou enviar-te a eles". Ele respondeu-lhe: "Aqui estou". Disse-lhe Israel: "Vai ver se os teus irmãos e os rebanhos estão passando bem e traze-me notícias". Assim o enviou do vale de Hebron, e José chegou a Siquém. Um homem o encontrou vagando pelo campo e perguntou: "O que procuras?". Ele respondeu: "Estou procurando meus irmãos. Dize-me, por favor, onde estão apascentando?". O ser humano respondeu: "Eles foram embora daqui, pois os ouvi dizer: 'Vamos para Dotain'". José foi à procura dos irmãos e encontrou-os em Dotain.

Eles, porém, tendo-o visto de longe, antes que se aproximasse, tramaram a sua morte. Disseram uns aos outros: "Aí vem o sonhador! Vamos matá-lo e lançá-lo numa cisterna. Depois diremos que um animal feroz o devorou. Assim veremos de que lhe servem os sonhos".

1. Predileção que preserva uma vocação especial

Jacó envia José

José fica em casa com o pai, enquanto os demais irmãos permanecem longe, pastoreando os rebanhos. A família de Jacó mora em Hebron e os filhos estão com o gado ao norte de Siquém, a mais de 80 quilômetros. É uma distância geográfica que indica também uma interior. O caminho que José percorre para alcançar seus irmãos é em campo aberto, acidentado. Como para o caráter dos sonhos, também o fato de José enfrentar uma viagem tão longa é sinal de uma segurança existencial que somente alguém que se sente amado pode ter, como o Filho de Deus que se distancia da Trindade, do seio do Pai, para imergir nos abismos da criação.

Aqui já temos o início da realização dos sonhos: José é princípio da unidade da família, a partir do momento em que seu pai o manda procurar os irmãos. E o pai que envia o filho lembra-nos uma outra imagem cristológica (cf. Mt 15,24): a de Cristo que vai à procura da ovelha perdida e que remexe o quarto em busca da dracma perdida... Lembra-nos também da parábola do patrão que planta a vinha e manda seus servos buscarem a colheita. Mas os vinhateiros os maltratam. Quando, por fim, o patrão envia seu filho, eles o matam para se apossarem da herança (cf. Mt 21,33-41).

Neste trecho, pela primeira vez, José explicita a sua vocação: "Estou procurando meus irmãos". Ainda não se dá conta do que isso significa, mas já está dando os primeiros passos na direção daquilo que intuiu no sonho. Ainda não entende completamente, mas vive a sua identidade na obediência. Há uma realidade pela qual todos nós estamos hoje marcados: cada um de nós tem suas idéias, seus projetos, seus interesses que pretende realizar, num desejo de auto-afirmação para sermos originais a todo custo. Dificilmente somos capazes de aceitar a proposta do outro, de entrar numa outra lógica, de assumir uma ordem. E a missão se realiza precisamente no fato de termos sido enviados.

José teve seus sonhos, mas sua vocação começou a se realizar mediante o envio do pai. Cristo realiza aquilo que o Pai diz. A vocação de todo cristão não se pode realizar a não ser por um mandado da Igreja. A submissão de todo batizado à Igreja, quer na sua dimensão comunitária, quer hierárquica, garante a obediência, atitude indispensável para a realização da vocação. E isto é lógico, espiritualmente falando. Se a vocação consiste no amor do Pai, não podemos revelar esse amor afirmando a nós mesmos, ainda que tal princípio auto-afirmativo se apresente camuflado sob vestes de generosidade e de altruísmo. A dificuldade atual está provavelmente condicionada pelo fato de nossa cultura favorecer mais uma mentalidade de projeção e de auto-realização, onde tudo sempre parte de nós, sem nenhuma interlocução séria, do que uma mentalidade apropriada à vocação, em que se responde e se segue, e, seguindo, se serve. É este, provavelmente, o motivo pelo qual, hoje, há tão pouca criatividade. Esta é uma relação real que se realiza no pano de fundo do amor, onde o amado, respondendo ao amor, cria um mundo permeado pelo amor. É a relação de amor experimentada, realizada, que estimula a criatividade, a qual se desencadeia somente quando se sai de si mesmo, porque se está convicto da meta ressurrecional do que se cria, pois o amor ressuscita, faz reviver.

É difícil que uma cultura fechada num seu antropocentrismo se desvincule do ideológico e do moralismo. Nesse caso, a criação será mais uma espécie de projeção misturada, de certa maneira, com o interesse, o poder, a auto-afirmação e, por fim, a produção de algo estéril, destinado a desaparecer. A criatividade brota da relação de amor e conduz a ela. Visa a envolver as pessoas, porque nasce da Pessoa. Nossa fé é a fé das pessoas na Pessoa. Somos criativos ao procurarmos as pessoas, porque somos amados pela Pessoa.

O materialismo expressa a posse egoísta do mundo material, dizendo: isto é meu, pertence-me. O mesmo acontece no mundo intelectual: este pensamento é meu. No fundo, é a identidade da pessoa que apareceu. "Eu" equivale a "eu possuo", "eu tenho". "Quem tem amor próprio, é claro que tem todas as paixões" (Máximo, o Confessor, *Centurie sulla carità*, III, 8. In: *La Filocalia*, II. Torino, 1983, p. 82). Na prática, isso quer dizer que o eu possuído pela passionalidade que o cega de maneira a não ver mais que "eu sou" significa ser em relações livres. Quanto mais relações eu vivo e mais elas são autênticas, mais eu sou. Quanto mais uma relação é despojada de paixão, de posse, tanto mais é autenticamente relação de amor. Chega-se a compreender que o "eu" se realiza sacrificando a vontade de auto-afirmação e, portanto, dá voluntariamente a precedência ao outro. E, nesse instante, é capaz de receber o outro e do outro. Assim se pode receber o mandado e ser enviado (cf. Jo 14,31; Gl 2,20).

"Tendo-o visto de longe, tramaram a sua morte"

"Disseram uns aos outros: 'Aí vem o sonhador! Vamos matá-lo e lançá-lo numa cisterna' ". Trata-se de uma passagem violenta, talvez por causa da importância divina atribuída aos sonhos, considerados como uma espécie de vaticínio e eficazes até que aquele que os havia revelado estivesse vivo.

O "sonhador", como o chamam os irmãos, sofre o mesmo destino dos profetas, rejeitados por causa de suas profecias, consideradas ameaça para o futuro (cf. Jr 38,1-6). Os irmãos têm medo que os sonhos de José se realizem como forma de dominação sobre eles. Portanto, a revolta deles é contra o conteúdo do sonho, isto é, contra o poder divino que age no sonho e o inspira. Essa hostilidade aumenta por causa do presente que Jacó deu a José: uma túnica de mangas compridas.

Como em toda sociedade antiga, a roupa indicava a posição social, a identidade da pessoa que a vestia. Uma túnica de mangas compridas certamente não era muito cômoda para mexer com o rebanho, como faziam os irmãos de José. Além disso, na Bíblia, esse presente pode significar uma espécie de condição régia (cf. 2Sm 13,18s). E é exatamente a questão da túnica que vamos encontrar de novo na história de José, a revelar uma ulterior ligação com Cristo e a sua túnica, que os soldados lhe arrancam antes da crucifixão. Cirilo de Alexandria diz: "José era mais amado pelo pai do que os outros filhos. Jacó lhe havia dado uma túnica colorida, como claro sinal do seu amor para com esse filho. Isso, porém, provocou ressentimento e inveja nos irmãos... Também os fariseus ficaram cheios de inveja do Amado, isto é, Cristo, porque Deus Pai o havia revestido – por assim dizer – de glória colorida. De fato, de muitos modos, ele era admirável: como doador de vida; como luz capaz de iluminar os que estavam nas trevas; como purificador de leprosos e – com extrema facilidade – ressuscitador de mortos, inclusive os que já cheiravam mal (cf. Jo 11,39); como dominador dos mares e aquele que submete as ondas ao seu poder (cf. Mt 8,24-27).

Os judeus, porém, não sabendo o que dizer e já incapazes de conter o fogo da inveja, diziam uns aos outros: 'Que vamos fazer? Este homem faz muitos sinais' (Jo 11,47). Portanto, a veste colorida é para nós uma imagem da multiforme glória com a qual Deus Pai revestiu o Filho, que se fez um de nós, mediante a sua natureza humana. Pois, embora sendo, por sua natureza, o próprio Senhor da glória (cf. 1Cor 2,8), pode dizer, em virtude da sua semelhança conosco: 'Pai, glorifica o teu Filho' (Jo 17,1).

Os irmãos, tomados de tristeza causada pela inveja, tornam-se também arredios por causa da história dos sonhos. Estes revelam antecipadamente como, no devido tempo, irão ficar submetidos a José, como ele os superará em muito e chegará a uma tal glória a ponto de ser adorado pelos seus próprios pais. Por isso, acham que devem matá-lo. Do mesmo modo, os judeus também ficaram exasperados ao ouvirem dizer que o Emanuel seria superior aos santos patriarcas (cf. Jo 8,58), adorado por todo o povo, ou melhor, por todas as pessoas da Terra. Conscientes

1. Predileção que preserva uma vocação especial

disso, os irmãos de José disseram: 'Este é o herdeiro. Vamos matá-lo e tomemos posse de sua herança' (Mt 21,38)" (*Glaphira in Genesim*, VI: PG 69,301b-304b). De fato, Cristo reinará completamente despojado, a partir do seu trono, que é a cruz.

Numa passagem do evangelho, Cristo pega uma moeda e pergunta de quem é a imagem que aí está cunhada (cf. Mt 22,15-22; Mc12,13-17; Lc 20,20-26). Respondem: "é de César". Depois de crucificá-lo, escrevem no alto da cruz: "Rei dos judeus". Por meio da crucifixão, ele também propõe uma imagem de rei, só que desta vez não cunhada numa moeda de ouro, mas na carne. A partir daí, todo poder é julgado a partir da cruz, onde o rei do universo, criador e juiz da História, reina se oferecendo como vítima. Cristo é o verdadeiro chefe: isso significa que ele garante a comunhão e a unidade que realizou, não com atos, mas com o sacrifício de si. As palavras de Cristo, "se alguém quer ser o primeiro, seja o último de todos e o servo de todos" (Mc 9,35), mostram o verdadeiro significado da realeza de José, imagem da realeza de Cristo. A semelhança entre José e Cristo nos ajuda a conhecer melhor Jesus: na realeza de José, que domina seus irmãos ao distribuir o trigo para viver, vemos Cristo que reina, dando-nos a vida e se oferecendo como alimento. Diante da bondade de Cristo, nós nos entregamos a ele e passamos da incerteza à certeza, da angústia à segurança. Os irmãos, experimentando a bondade e a férrea pedagogia de José, própria do amor, se entregam a ele e descobrem o amor de Jacó, do qual podem finalmente receber a bênção e a herança.

Não vamos, porém, nos antecipar. Ao notarem que José vem ao encontro deles, desperta-se dentro deles o medo de que José possa dominá-los e ficar com toda a herança. Então, decidem matá-lo.

Mais uma vez, como tantas outras, na Bíblia, está em jogo a questão da herança (cf. Mt 21,38). Mas que herança? O amor do pai, de Jacó, do mesmo modo como a humanidade, quer se apossar da herança de Cristo, que é a filiação do Pai. Separaram-se do amor do pai e, por isso, não conseguem mais ver o próprio irmão como filho do mesmo pai, nem participar do mesmo amor paterno. E para se apoderar do amor do pai, matam-lhe o filho predileto. É o ser humano que substitui Deus por um ídolo, por um pedaço de madeira, de metal fundido, que é mudo, não fala e não anda. Confinado no deserto, na terra salobra (cf. Jr 17,6), sem vegetação, o ser humano gostaria de voltar às fontes da vida. Está consciente de não ser o dono da vida. Ou melhor, todos os dias percebe e constata que a vida lhe foge das mãos. Na ilusão intelectual, atribuiu às suas idéias, às suas doutrinas, às suas leis um poder idolátrico, divino, totalmente desproporcionado. Fez o mesmo com a montanha, a árvore, a moita da qual esperava a divinização, tornar-se divino, sentir-se Deus. Submetia a si a criação para se sentir criador. Mas, toda vez que o fazia, provava o eclipse da vida e da criatividade. E eis que, quando Deus se aproximou dele, por meio de seu Filho Jesus Cristo, desencadeia o costumeiro mecanismo: ambiciona a herança que, outrora, ele mesmo havia abandonado. A herança de Abraão é a familiaridade com Deus, sentir-se e ser o "tu" de Deus, ter uma terra sem fronteiras, uma descendência inumerável. Por causa dessa herança, o ser humano matou Cristo: para se apoderar da filiação, para estar na casa do Pai. Aquele madeiro do Éden, do qual o ser humano esperava a divinização, torna-se a cruz na qual foi suspenso Jesus, o qual se fez homem para que nos tornássemos filhos adotivos de Deus. Quem não é atingido pelo amor acredita que pode apoderar-se dele por meio da violência, pressionando a todos para que o amem.

UMA HISTÓRIA DE ENGANOS: GN 37,21-36

Rúben, porém, ouvindo isto, tentou livrá-lo de suas mãos e disse: "Não lhe tiremos a vida!". E acrescentou: "Não derrameis sangue. Lançai-o naquela cisterna no deserto, mas não levanteis a mão

1. Predileção que preserva uma vocação especial

contra ele". Dizia isso porque queria livrá-lo das mãos deles e devolvê-lo ao pai. Assim que José se aproximou dos irmãos, estes o despojaram da túnica, a túnica de mangas compridas que trazia, agarraram-no e o lançaram numa cisterna que estava sem água. Depois, sentaram-se para comer. Levantando os olhos, avistaram uma caravana de ismaelitas, que se aproximava, proveniente de Galaad. Os camelos iam carregados de especiarias, bálsamo e resina, que transportavam para o Egito. E Judá disse aos irmãos: "Que proveito teríamos em matar nosso irmão e ocultar o crime? É melhor vendê-lo a esses ismaelitas. Não levantemos contra ele nossa mão, pois ele é nosso irmão, nossa carne". E os irmãos concordaram. Ao passarem os comerciantes madianitas, tiraram José da cisterna e por vinte moedas de prata o venderam aos ismaelitas, que o levaram para o Egito.

Quando Rúben voltou à cisterna e não encontrou José, rasgou as vestes de dor. Voltando para junto dos irmãos, disse: "O menino sumiu! E eu, para onde irei agora?". Então, os irmãos tomaram a túnica de mangas compridas de José, mataram um cabrito e, embebendo-a de sangue, mandaram levar a túnica para o pai, dizendo: "Encontramos isso. Examina para ver se é ou não a túnica do teu filho". Jacó reconheceu-a e disse: "É a túnica de meu filho. Um animal feroz devorou José, estraçalhou-o por inteiro". Jacó rasgou as vestes de dor, vestiu-se de luto e chorou a morte do filho por muitos dias. Todos os filhos e filhas vinham consolá-lo, mas ele recusava qualquer consolo, dizendo: "Em prantos descerei até meu filho no reino dos mortos". Assim o chorava o pai.

Entretanto, os madianitas venderam José, no Egito, a Putifar, ministro do faraó e chefe da guarda.

Rúben é a voz da consciência dos irmãos. É um verdadeiro israelita e, como tal, sabe que o princípio da unidade familiar é o sangue. Para os gregos, o princípio da unidade é a idéia; ter o mesmo pensamento significa estar ligado por amizade. Aqui, porém, é a mesma carne, o mesmo pai que determina a unidade. Todavia, é um princípio de unidade que não se sustenta. De fato, o que fizeram os irmãos? Formalmente salvaram a tradição

33

não matando José, mas o jogaram na cisterna e o venderam aos madianitas.

No Novo Testamento, o princípio de unidade passará da carne do pai para o amor do pai. No final, Cristo paga com sua carne a questão da unidade, não somente dos judeus, mas do mundo inteiro, superando, com a unidade da palavra e da vontade do pai; o princípio da carne, e carregando, assim, consigo a fraternidade universal ("Todo aquele que faz a vontade do meu Pai, que está nos céus, esse é meu irmão, minha irmã e minha mãe" – Mt 12,50).

O princípio da verdadeira unidade é o sacrifício da vontade própria. Contudo, sacrificar a própria vontade sem amor significa se destruir. Não sacrificá-la significa igualmente se destruir, num insensato conflito de vontades auto-afirmativas. Por isso, em Cristo podemos oferecer a nossa vontade ao Pai, que nos insere no amor do Filho, para que a nossa vontade seja capaz de amar e realizar a vida.

Na vida espiritual, quando começam as desintegrações, as tensões, as lutas interiores, também nascem muitos Rúbens, muitos princípios de unidade, mas nenhum deles é eficaz nem se sustenta, se não for englobado na dimensão espiritual, isto é, se não tiver referência direta com o amor de Deus. Somente nesse amor qualquer outro princípio de unidade adquire peso. Todo esforço pela unidade, que a pessoa faz, tem sentido se incluído no amor que vivifica e ressuscita. Do contrário, é ilusão que, cedo ou tarde, se torna tirania. Todo princípio de unidade desligado do amor é também princípio de exclusão, e os excluídos são uma constante ameaça à unidade. Existe verdadeira vida somente na unidade de todos. Unidade que esquece alguns, que os exclui, não garante a vida, mas cria uma situação precária e ameaçada, obriga a pessoa a se proteger e a se salvar. Sendo assim, não dá segurança para a vida. Estar em segurança, enquanto outros são excluídos dela, significa se iludir.

1. Predileção que preserva uma vocação especial

Também na vida espiritual pessoal, quando procuramos um ponto unificador fora do olhar amoroso do Pai, esse ponto tornar-se-á princípio de nova escravidão, uma espécie de "corte" de partes da pessoa, de zonas inteiras do caráter, dos pensamentos, da história, da memória, dos sentimentos... Somente o amor pessoal de Deus, comunicado ao ser humano pelo Espírito Santo, é magnetismo que unifica tudo, harmoniza os contrastes, levando os opostos a conviverem, orientando tudo para o serviço do amor.

O Espírito revela essa unidade criada em Cristo, no qual tudo subsiste (cf. Cl 1,17) e tudo é pacificado. De fato, a lógica da comunhão e da unidade funciona na pessoa de Cristo. É aí que a nossa inteligência adquire as categorias para pensar a unidade. E é no Pentecostes que a pessoa pode adquirir força para vivê-la.

A questão de Rúben – primeira voz positiva entre os irmãos, o seu apelo tem algo que, por si só, deveria se sustentar ao menos dentro de uma determinada mentalidade – deve ser espiritualmente superada, porque a vida espiritual é o caminho da filiação em Cristo que, em seu corpo oferecido e em seu sangue derramado, gera a unidade garantida pelo Espírito Santo, como realização multiforme e pessoal dessa filiação e unidade. Em Cristo há a unidade dos filhos e no Espírito Santo vivemos a diversidade de, como filhos, invocar o Pai, Abbá.

A noite na cisterna

Como Cristo, José foi despojado da túnica, privado da realeza, se tomarmos a túnica como sinal de realeza. Para nós, porém, esta túnica foi dada como sinal de amor. Então, despojaram Cristo do amor.

O poço e a cisterna são constantes na paisagem bíblica, quer no Antigo, quer no Novo Testamento. Para descobrir o seu significado na nossa narrativa, vamos até outro poço, aquele da passagem evangélica, precisamente pelo nexo entre José e Jesus.

É também junto a um poço, em Sicar, "perto da propriedade que Jacó tinha dado a seu filho José" (Jo 4,5), que se deu o encontro de Jesus com a samaritana. A conversa de Jesus com a mulher é toda sobre a contraposição entre água de vida eterna e água que não mata a sede, água viva e água que causa a morte.

Na cisterna em que José foi jogado não há água, só há escuridão. E José está destinado a uma morte lenta, engolido pela noite. A cisterna de José é um verdadeiro túmulo, e é precisamente desse túmulo que ele sai e é enviado por Deus para salvar os seus irmãos e todo o seu povo. Da noite do túmulo vem a salvação. O nexo com Cristo é evidente: Ele vence a morte, deixando-se engolir por ela, mas com isso a atrai para o amor trinitário, onde ela foi aniquilada por uma luz inacessível, pelo amor do Pai ao Filho e ao Espírito Santo que dá a vida. Em sentido espiritual, vemos que nesta simples, mas dramática imagem de José na escuridão da cisterna, se esconde a grande sabedoria do amadurecimento para a verdadeira vida. Exatamente no momento em que as portas se fecham e parece que tudo acabou, surge o dia. No instante em que um abismo intransponível de solidão rodeia o ser humano, abrem-se caminhos inesperados e lançam-se pontes para ele. É a lógica da Páscoa, lógica própria do amor.

É interessante lembrar, aqui, um risco que se corre na vida espiritual: a pessoa não pode jogar-se no poço, esperando que tal ato, como momento de ascese e de dor, seja o caminho para um resultado positivo e para a alegria final. Não é possível escolher os sacrifícios ou os caminhos onde se prevêem sacrifícios, pensando que tal escolha seja o caminho da cruz e que, portanto, conduza, sem dúvida, à ressurreição. É preciso, isso sim, ter certeza de estar na esteira do amor, isto é, na esteira da vontade divina, estar dentro da íntima dinâmica da vocação espiritual. Quem vive nessa dinâmica não busca sacrifícios, mortificações, mas aceita os que a própria vida e os outros lhe apresentam. É o amor que convence a inteligência que, após a noite da cisterna,

1. Predileção que preserva uma vocação especial

virá o dia da ressurreição. E é também o amor que reforça a pessoa na fidelidade e perseverança, preservando do rancor, da vingança e da angústia o seu coração. Não se busca a Páscoa sozinho; são os outros que no-la preparam.

Outra imagem se sobrepõe a esta de José jogado na cisterna: a do salmo 22 que Cristo reza na cruz. Aqui se descreve a imagem da presa que cai na armadilha, de cães que a rodeiam e latem, de feras que estão prontas para devorá-la. A presa está aí com as patas puxadas por cordas, completamente vulnerável, impotente, exposta à violência. É um cenário que certamente lembra José jogado na cisterna, mas com um detalhe cruel dos irmãos: eles se sentam em cima e comem aqui também volta o tema do alimento, da mesa. Mas trata-se de outra refeição bem diferente daquela que José prepara para os seus irmãos, hóspedes no Egito). Agora, porém, ele se encontra nesse abismo, despojado, sem túnica, longe do pai. É a primeira morte de José. Despojado de sua túnica, longe do pai, abandonado pelos irmãos é, sem dúvida, a imagem do justo que grita: "Meu Deus, meu Deus, por que me abandonaste?". É uma imagem sobreposta à de Cristo na cruz, diante do qual a multidão se coloca, insultando-o. Cristo, Deus, totalmente vulnerável, é exposto ao mal do mundo. Mas chegou a hora em que se começa a tecer, desde o mais profundo abismo do mal, a rede da comunhão dos irmãos, no Filho unigênito. E também aqui há a analogia com José, porque será ele que, a partir do fundo seco do poço, dará a vida, para que os irmãos não morram. Esta imagem sempre sugere o princípio da lógica agápica contido na antinomia do fundo seco do poço e da abundância da vida.

O engano restitui o engano

Rúben, não encontrando José na cisterna, rasga suas vestes e exclama: "E eu, para onde irei agora?" (v. 30). De fato, o sangue do irmão, segundo as prescrições veterotestamentárias,

37

recai sobre ele (cf. Gn 9,6; Dt 19,12). O princípio de unidade representado pelo vínculo familiar coloca sob questionamento exatamente Rúben. Nasce, então, o expediente da túnica manchada pelo sangue do cabrito. Jacó, para extorquir a primogenitura, havia enganado seu pai, Isaac (cf. Gn 27), cego em virtude da velhice. Cobrira os braços com pele de cabrito para se parecer com o irmão Esaú, mais velho do que ele e mais peludo. Agora, por sua vez, ele é enganado por seus próprios filhos. Estes pegam o sangue do cabrito e com ele embebem a túnica de José, essa mesma túnica que recebera do pai como precioso presente. Depois, para evitar a acusação de fratricídio e para ocultar o crime, criam o cenário, a fim de que Jacó pense que o filho fora devorado por uma fera. Desenvolvem uma falsa criatividade. Esta, porém, tem duas ligações misteriosas com a verdade: primeiramente, trata-se do cabrito com que também Jacó enganou seu pai e que, agora, retorna como sangue derramado e, portanto, como morte; em segundo lugar, dizem ao pai que as feras devoraram o filho. E tais feras se tornam uma imagem dos irmãos de José, isto é, dos filhos de Jacó. O mal volta sob a mesma forma que Jacó inventou, mas a fera que devorou José são seus filhos. Jacó se fez animal para vencer Esaú, e agora são seus filhos que se fazem animais.

Nesse contexto, a palavra do profeta adquire significado mais forte: "Raquel chora seus filhos e recusa ser consolada" (Jr 31,15). O homem, separado da fonte, isto é, do amor pessoal, longe de um seu "tu" que realmente existe, produz uma cultura de falsa criatividade. Mas ao mesmo tempo permite uma leitura sobre a sua verdade, do mesmo modo como se consegue ver, através da história inventada pelos filhos, algo da verdade deles e da verdade de Jacó. Uma cultura idolátrica que é fundamentalmente cultura estéril, que não pode efetivamente proteger a vida e garanti-la, nem favorecer a realização da integralidade do ser humano, é uma fresta do que há dentro. Na vida espiritual, a falsa criatividade não deve ser descuidada. No silêncio do seu coração, à luz da sinceridade, a

1. Predileção que preserva uma vocação especial

pessoa pode ver o que se esconde por trás daquilo que ela inventa para justificar seus vícios, seus defeitos, seus erros e, mais ainda, seus pecados. A falsa criatividade, que chega às vezes a se servir de palavras dos santos Padres, dos grandes mestres espirituais, do magistério e até mesmo da Bíblia, é uma maneira refinada de se proteger, de apontar o dedo para o outro, de fazer com que os outros digam e façam todo o possível para não se encontrar com a verdade e não entrar na dinâmica pascal da conversão.

Vem-nos à mente o que diz Gregório de Nissa sobre as túnicas de pele com as quais foram revestidos o homem e a mulher expulsos do Éden. Por um lado, essas túnicas são como que um gesto de ternura para o ser humano vulnerável, mas, por outro, revelam a divisão que acontece com o pecado. Como se houvesse um novo epicentro no ser humano, que reside em sua passionalidade, naquilo que Paulo chama de carne, isto é, em sua capacidade de se rebelar contra o amor, de não se reconhecer como ser do amor. E como essa realidade é algo superficial, porque a pele é o revestimento externo do ser humano, é, também, ao mesmo tempo, a parte mais exposta, mais facilmente à mercê das reações, impedindo, assim, de viver da centralidade do coração, do lugar onde a pessoa se percebe ainda como não quebrada, não cindida, onde se experimenta e se vive o "tu" de Deus e o "nós" dos seres humanos. Essas duas realidades parecerão irreconciliáveis. De fato, Paulo é explícito sobre a incompatibilidade entre os desejos da carne e os do Espírito (cf. Rm 8,5-8). Por isso, a mentalidade e a cultura que derivam deste epicentro separado do encontro com Deus sempre conduzem à morte. Toda a vida espiritual leva a pessoa a purificar seu coração, isto é, a poder pensar, sentir e querer de maneira não enredada com os desejos que derivam desse epicentro passional. É uma arte espiritual perceber-nos unidos, não cindidos, não vítimas de forças ferozes das paixões revestidas de seda e veludo para esconder o seu verdadeiro aspecto, o da morte, para a qual sempre levam.

De fato, Jacó deduz que José está morto. E, a partir daí, o filho está morto para o pai. E também para os irmãos ele se torna morto, porque a túnica, prova disso, tem um peso jurídico que os liberta do dever de responder pelo irmão. É o próprio Jacó quem declara José como morto, morto exatamente por uma fera, isto é, por aquela dimensão fratricida que age dentro do império da morte. O evangelho salienta a ligação entre o homicídio e a mentira. Ou melhor, revela que o diabo é homicida e pai da mentira (cf. Jo 8,44).

Tanto isso é verdade que, de certa forma, Jacó morre também. Quando souber que José está vivo, dele se dirá: "Reanimou-se o espírito do pai Jacó" (Gn 45,27).

Enquanto isso, os madianitas venderam José no Egito para Putifar, ministro do faraó e chefe da guarda (v. 36).

2

"Na hora da angústia, guarda o mandamento"

O capítulo 38 não está diretamente ligado à história de José. Como o 49, sobre o qual não nos deteremos, este capítulo narra a história de Judá, por causa da importância de sua função na história da salvação. Lendo o capítulo 38, perceberemos que também Judá e a sua descendência estão enredados numa história de enganos e de injustiças... E aqui também transparece a mensagem principal: o desígnio de Deus age por meio das vicissitudes de pessoas concretas e não é uma caminhada linear, mas de constante surpresa.

A história de José é retomada no capítulo 39.

"O Senhor estava com José": Gn 39,1-6a

José foi levado para o Egito. Putifar, um egípcio, ministro do faraó e chefe da guarda do palácio, comprou-o dos ismaelitas que o tinham levado para lá. Mas o Senhor estava com José, e ele se tornou um homem bem-sucedido, morando na casa do seu senhor egípcio. O patrão notou que o Senhor estava com ele e fazia prosperar tudo o que empreendia. José conquistou as boas graças de seu patrão, que o pôs a seu serviço e fez dele o administrador de sua casa, confiando-lhe todos os seus bens. E desde o momento em que o fez administrador, o Senhor abençoou, em atenção a José, a casa do egípcio e derramou sua bênção sobre tudo o que possuía em casa e no campo. O patrão entregou tudo nas mãos de José e não se preocupava com coisa alguma, a não ser com o que comia.

41

Portanto, José é levado ao Egito, que, mais tarde, em toda a economia da história da salvação, terá o significado do lugar do pecado, da escravidão. José foi vendido. Cristo também foi vendido por trinta moedas de prata e assim se tornou totalmente escravo do mal do mundo, feito objeto, como José.

Num ambiente despersonalizado, a pessoa se torna puro objeto. E dentro da mente passional é a lógica mercantil que prevalece. José foi feito objeto de comércio para poder ir ao encontro dos irmãos como dom. Somente assim purificará as coisas e as relações. Assim libertará os irmãos, que serão capazes de ver o trigo e ele mesmo – José – em sua verdade, isto é, como *anamnesis* de Jacó, do Pai.

É importante a afirmação: "Mas o Senhor estava com José, e ele se tornou um homem bem-sucedido, morando na casa do seu senhor egípcio". É o Senhor que vai com ele até os abismos, como quando José foi jogado dentro da cisterna. E se o Senhor está com ele, significa que José leva consigo a bênção prometida aos pais. E atrai a bênção também sobre aquele que o acolhe. De certa forma, é imagem de Cristo, que se dá ao mundo e derrama sobre ele a abundância da bênção: quem acolhe Cristo, acolhe o Pai (cf. Mt 10,40), isto é, acolhe tudo. Já há essa visão da salvação, da redenção, que passa pelo envolvimento. É uma constante desde Abraão. Acolhendo a visita dos três misteriosos personagens junto ao carvalho de Mambré, dando-lhes hospitalidade completa, recebe deles toda a bênção e, de homem estéril que era, torna-se pai de uma multidão. Acolher significa, portanto, comunicar e receber comunicação. A acolhida se torna um âmbito de real comunicação interpessoal, como na seqüência dessa história: José, deixando-se acolher, transmite a quem o acolhe inclusive a sua sabedoria. A hospitalidade, acolher e deixar-se acolher tornam-se, então, categorias também do conhecimento. Isso é tanto verdade que a encarnação do Verbo passa também através dessas categorias: "A quantos o acolheram..." (Jo 1,12). O fato de o Senhor estar com José não significa garantia de um final feliz da história, nem que

2. "Na hora da angústia, guarda o mandamento"

lhe sejam poupados longos anos de sofrimento e de silêncio. O Deus de José, que lhe está próximo e que faz com que ele tenha sucesso em tudo, não é um Deus instrumental para os objetivos das pessoas. Significa, antes, que a sabedoria "desceu com ele na cisterna e não o desamparou na prisão" (Sb 10,14).

Rossi de Gasperis comenta: "Nisto consistem a sabedoria e o 'temor de Deus' do qual José está repleto" (op. cit., p. 84). "Em saber e em lembrar, na prática, que é sempre assim – *o-ser-de-Deus-conosco* não nos poupa de sermos vendidos nem de sermos injustamente aprisionados, mas nos preserva do pecado" (Sb 10,13). É por isso que em 1Mc 2,53 se afirma: "José, submetido à angústia, guardou o mandamento e tornou-se senhor do Egito".

Na desgraça, Deus permanece com José e se faz presente, aplainando o caminho. Basta ter os olhos abertos para ver a sua presença. Se José se tivesse fixado naquilo que os irmãos haviam feito, teria ficado com os olhos pesados pelo rancor, por noites de insônia, teria maquinado vingança e nunca teria visto que o Senhor, no Egito, lhe abriria um caminho. O rancor e a ira se tornam empecilhos também para a compreensão. Máximo, o Confessor, diz: "Purifica teu intelecto da ira, do rancor e dos pensamentos torpes: então, poderás experimentar a inabitação de Deus" (*Sulla carità* IV, 76. In: *La Filocalia*, cit., II, p. 108).

José jamais fica remoendo aquilo que lhe aconteceu. A esse respeito, são interessantes os nomes que dará aos seus dois filhos. Chamará o primogênito de Manassés, "Deus me fez esquecer todos os meus sofrimentos e a família de meu pai" (Gn 41,51). Há, portanto, uma arte espiritual que se esconde por trás desse nome, a qual se poderia escrever com um jogo de palavras: esquecer para lembrar. Porque o nome que sublinha a graça de esquecer é, ao mesmo tempo, lembrança contínua daquilo que foi esquecido. Só que recorda a José como se ele tivesse esquecido, isto é, sem aquele peso negativo que beira à passionalidade, ao rancor, à vingança. É significativo este fato: não foi José quem esqueceu, mas foi Deus que o fez esquecer.

Na vida espiritual, isto é, em termos de salvação, o ser humano não pode sozinho resolver o seu passado. Pode realizar um trabalho psicológico, higiene da sua psique, integração racional, afetiva, mas tudo isso desemboca sempre numa integração espiritual, que é obra da graça, obra de Deus.

Ao segundo filho, José dará o nome de Efraim, porque, disse, "Deus tornou-me fecundo na terra de minha aflição" (Gn 41,52). Não há dúvida de que José está profundamente consciente de que Deus intervém mediante as vicissitudes cotidianas. Ele mantém constantemente sua relação com Deus, comunica-se com ele e vê como os acontecimentos que se sucedem fazem com que o plano de Deus se possa cumprir. Por isso, dá esse nome ao filho, a fim de se lembrar sempre dos benefícios, manter constante atitude de gratidão. E, notemos, fala da terra da aflição. A gratidão, no sentido espiritual, é uma atitude de humildade, daquela humildade que é dimensão constante do amor. A gratidão aprofunda, no ser humano, a sua verdade relacional, impede os fechamentos, evita a soberba e, por isso, é característica das pessoas sábias, prudentes, porque Deus se revela aos humildes (cf. 1Pd 5,5). Marcos, o Asceta, autor filocálico do século V, eremita, talvez discípulo de João Crisóstomo, em sua *Carta ao monge Nicolau*, dá um conselho iluminador: "Portanto, o princípio do teu proveito segundo Deus deves tirá-lo, ó filho, disto: considera, sem nunca esqueceres e com perene memória, em interrupta meditação, todas as divinas concessões e os benefícios passados e os atuais que o Deus que ama as pessoas tem para contigo em prol da salvação de tua alma. E não aconteça que, envolvido pelo esquecimento do mal e por causa do descuido, tu te esqueças dos seus muitos e grandes benefícios e, assim, transcorra o resto do teu tempo inútil e ingratamente. De fato, tais lembranças incessantes são como aguilhão que punge o coração e o leva sempre à confissão, à humildade, à ação de graças com alma contrita, a todo zelo bom, a oferecer, em contrapartida, ao Senhor modos e costumes bons e todas as virtudes segundo Deus, como também a meditar sempre, mediante a escuta da consciência, a palavra profética: 'O que oferecerei ao Senhor por tudo aquilo que ele me concedeu?'" (in: *La Filocalia*, cit., I, p. 213).

"NÃO DESANIMAR NO MOMENTO DA SEDUÇÃO" (ECLO 2,2): GN 39,6B-23

Ora, José tinha um belo porte e era bonito de rosto.

Aconteceu, depois, que a mulher de seu patrão pôs nele os olhos e lhe disse: "Dorme comigo". Ele recusou, dizendo à mulher de seu patrão: "Em verdade, meu senhor não me pede contas do que há na casa, confiando-me todos os bens. Ele próprio não é mais importante do que eu nesta casa. Nada me proibiu senão a ti, por seres sua mulher. Como poderia eu fazer tamanha maldade, pecando contra Deus!". E embora ela insistisse diariamente com José, ele se recusou a dormir ou a ficar com ela.

Um dia José entrou na casa para seus afazeres, e nenhum dos domésticos estava em casa. A mulher agarrou-o pelo manto e disse: "Dorme comigo". Mas ele largou-lhe nas mãos o manto e fugiu correndo para fora. Vendo que lhe tinha deixado nas mãos o manto e escapado para fora, ela se pôs a gritar e a chamar os empregados, dizendo: "Vede! Trouxeram-nos esse hebreu para abusar de nós. Ele me abordou para dormir comigo, mas eu comecei a gritar em alta voz. Quando percebeu que levantei a voz e gritei, largou o manto aqui comigo e fugiu correndo para fora". A mulher ficou com o manto de José até o marido voltar para casa. Então, falou-lhe nos mesmos termos, dizendo: "Esse escravo hebreu que nos trouxeste abordou-me, querendo abusar de mim. Quando levantei a voz e comecei a gritar, largou o manto aqui comigo e fugiu para fora".

Ao ouvir o que a mulher disse, "Assim é que me tratou teu escravo", o marido ficou furioso. Mandou prender José e lançou-o no cárcere onde se guardavam os presos do rei. E José ficou no cárcere.

Mas o Senhor estava com José e concedeu-lhe seu favor, atraindo-lhe a simpatia do carcereiro-chefe. Este confiou a seus cuidados todos os que se achavam presos. Era ele que organizava tudo quanto lá se fazia. O carcereiro-chefe não se preocupava com coisa alguma que lhe fora confiada, porque o Senhor estava com José e fazia prosperar tudo quanto fazia.

"José tinha um belo porte e era bonito de rosto." Esse dom do fascínio físico de José, que não é simplesmente um dote humano, mas sinal da complacência de Deus (cf. também Moisés, em Ex 2,2; Judite, em Jt 8,7 etc.), torna-se para ele objeto da primeira grande provação e da primeira crise em terra estrangeira. Justamente por ser bonito, a mulher de Putifar lança os olhos sobre ele.

Este é um ponto significativo na vida espiritual. Todo dom de Deus, cedo ou tarde, torna-se motivo de tentação. José poderia entrar nesse jogo sensual e aproveitar-se dele em diversos sentidos, tanto para obter prazer físico quanto para conseguir poder e gozar de privilégios. Quanto maior for o dom, o talento, mas forte será a sedução da tentação. E sempre com a finalidade de se apossar do dom, de geri-lo de forma autônoma, auto-afirmativa, dentro da passionalidade e do próprio interesse pessoal. Em resumo, usar o dom para conseguir os objetivos prefixados por nós, sem o doador. Então, é preciso viver uma grande purificação, sobretudo quando o talento é mais evidente, onde o dom é maior, porque aí, de maneira preferencial, se consumará a nossa Páscoa. E esta se vive sempre não no âmbito das coisas, mas no mundo das relações. Precisamente onde o talento é mais forte, aguarda-nos o maior sofrimento do despojamento, da superação da tentação de usar o talento fora do mundo do amor, das relações livres, pois a tentação constante será de empregar o dom para construir um mundo no qual o próprio eu será o epicentro das coisas e das relações. De fato, Gn 39,6b-23 joga com estas categorias: a solidão de José, a sua beleza, o seu fascínio e a tentação da sedutora, que explicitamente lhe diz

2. "Na hora da angústia, guarda o mandamento"

"dorme comigo". Subjaz, aqui, um jogo muito refinado: José foi separado dos irmãos. E, quando alguém está sozinho, é muito fácil ceder à tentação de se unir a outra pessoa. Quem está ferido, sofre as tentações mais terríveis de se unir às coisas mais banais, mais estúpidas, mais humilhantes, exatamente por se sentir "separado".

Há, porém, outro aspecto da tentação: ceder ao rancor que leva à vingança. Excluída de um lado, a pessoa desencadeia o mecanismo de se unir à outra para ferir quem provocou a exclusão e levá-lo a arrepender-se do que fez.

A amizade de José com seu patrão até agora não tinha rompido sua relação com o Senhor. No entanto, pela primeira vez, a proposta da mulher de Putifar procura desviar essa relação. E não para buscar alguma coisa, mas para procurar intimidade. A luta é, de fato, refinada, uma vez que a missão de José se consumará no amor. Criar comunhão, união, é exatamente o que ele realizará, mas que, agora, o afastaria de Deus, invalidaria sua missão e destruiria a sua identidade pessoal.

No começo, José se defende, não por algum motivo explicitamente religioso, nem tanto pela virtude da castidade, e, sim, por um grande senso de honestidade e de responsabilidade. Contudo, a *verdadeira* castidade é uma questão de *justiça e de caridade* para com o próximo. E é por causa dessas virtudes que José resiste também à tentação da sedução erótica, com todo o corolário de vantagens sociais e de prestígio que teria podido obter, se tivesse cedido. Mais de uma vez a exegese sublinhou que, no final do Gênesis, na quarta geração da família de Abraão, finalmente a "santidade teologal do fiel" se torna também "santidade moral" e a fé gera costumes a ela adequados e uma sabedoria que não é mais apenas esperteza, astúcia, mas o princípio de uma nova sabedoria humana.

É a ética bíblica, que não é simples moral, e, sim, o comportamento virtuoso que nasce da relação com Deus, do temor do Senhor, da participação em sua santidade (cf. Lv 19,2).

Aqui podemos lembrar o ensinamento dos santos Padres, segundo o qual as virtudes estão unidas, uma chama a outra, como os elos de uma corrente. As virtudes são um organismo, porque se "confundem" com o Salvador. Cristo *é* a virtude, ao passo que nós a *possuímos*. Ele é, ao mesmo tempo, Justiça, Sabedoria, Verdade etc. A prática das virtudes não tem simplesmente significado moral, mas é verdadeira participação na pessoa de Cristo. E como Cristo é organismo vivo, não pode ser que se pratique a justiça e, ao mesmo tempo, não se cresça na prudência, na temperança e em todas as outras virtudes. Na luta espiritual, a pessoa pode se ajudar muitíssimo, conhecendo-se na ótica espiritual. Assim, a partir de uma virtude, se iluminam a estratégia e a reação contra as tentações, porque, muitas vezes, ou na maior parte dos casos, a verdade delas não está na sua primeira aparência.

A mulher convida José para se unir a ela, isto é, para ceder à tentação do sexo, mas, na realidade, o verdadeiro objetivo da tentação vai além, e destruiria toda a missão que José guarda no coração, ainda como um tesouro escondido. Na vida espiritual, acontece freqüentemente que se combate num campo que acaba sendo motivo para se ocupar de si mesmo. É um clássico exemplo da "esperteza" da tentação deslocar a nossa atenção sobre uma realidade, ao passo que é uma outra que está sendo minada, sem que nos demos conta disso.

Em última instância, José apela para Deus. E é esse o critério que vence. Todas as coisas existem por Deus e nada pode construir-se ou se manter sem ele. José é fiel a Javé: "Como poderia eu fazer tamanha maldade, pecando contra Deus!" (Gn 39,9). Muitas vezes também os profetas lutam contra as uniões que Israel procurou instaurar em sua história, mas que atrapalhavam a união com Deus. "Eu já estou unido, e unido à fonte da vida", responde José.

Ele une imediatamente o relacionamento com essa mulher à sua relação com Deus. É o ser humano religioso que vê Deus agindo em tudo. É exatamente isso que, para nós, parece difícil,

2. "Na hora da angústia, guarda o mandamento"

essa ligação imediata entre a história, a nossa história, tecida por tantos gestos cotidianos considerados mais ou menos insignificantes, e a salvação, entre o tempo e Deus.

É precioso o dom da contemplação. O contemplativo descobre Deus em todas as coisas, vê-o em todos os acontecimentos, percebe que ele o guia, o acaricia, o salva e o ama. A contemplação, porém, é uma dimensão que supõe a fé. É um caminho de conhecimento que envolve toda a pessoa, que move os seus sentimentos, orienta a sua vontade e ilumina a sua mente. A contemplação é possível dentro de um princípio dialógico. Muitas vezes, ela é substituída por um sucedâneo de aspecto gnóstico, no qual é o ser humano, com a sua razão, quem pensa as realidades, sem que estas lhe sejam comunicadas por um outro. Por isso, uma contemplação assim não implica frutos propriamente religiosos, como a consciência de ser pecador, o arrependimento, as lágrimas, o pedido de perdão...

José tem imediata consciência daquilo que é "contra Deus", porque isso também o aniquila e a sua razão de ser. Por isso, consegue dominar as tentações, as paixões, em força das virtudes fundamentadas nesse profundo sentido de Deus, sustentado por uma relação constante com ele. De fato, os santos Padres diziam que dominar as paixões é *governar todo o Egito*. Nessa provação, o domínio das paixões é, então, um passo para aquilo que, depois, será a missão de José, ou seja, o domínio do Egito.

Os santos Padres entendiam o Egito em sentido simbólico, isto é, como pecado, escravidão, morte. José dominará o Egito não por uma certa vontade própria de ascensão ou de domínio para afirmar a si mesmo, como grande tirano, proprietário de muitos celeiros. Mas precisamente porque dominará as paixões de maneira correta, isto é, por causa do amor e por amor a Deus, salvará o povo, distribuirá o alimento, evitará a morte. Vislumbra-se, aqui, o verdadeiro sentido de toda ascese, que culmina na distribuição de bens, na salvação dos outros, isto é, em consumir-se no amor.

"Largou-lhe nas mãos o manto"

José, fugindo e deixando o manto, relembra o rapaz que deixa o lençol e foge nu (cf. Mc 14,52). Estar nu significa, na verdade, estar vulnerável, ficar exposto. No pano de fundo de Gn 3, deixar o manto e fugir nu significa que se está diante de um perigo muito maior do que aquele representado pela nudez. Se esta significa também vergonha, deixar o manto e fugir nu significa escapar de uma vergonha ainda maior. Em nosso contexto, é explícita a fuga do pecado, da autodestruição, porque é negação da palavra de Deus, da sua lei. Por isso, deixar as vestes e fugir nu não significa, neste caso, cobrir-se de vergonha, mas de glória. Vislumbra-se já o ser humano novo de que fala Paulo: embora nu, está revestido da imortalidade, da incorruptibilidade (cf. 1Cor 15,53-54).

Na liturgia do rito bizantino na Segunda-feira Santa, Segunda-feira da Grande e Santa Semana, faz-se a memória do Patriarca José. Este, vendido pelos irmãos, arrastado por eles por inveja até a beira da morte, mas exaltado e glorificado por Deus que se faz salvador do seu povo, torna-se figura de Jesus.

Os três primeiros dias da Semana Santa têm como tema comum dominante as núpcias de Deus com a humanidade. O ícone de Cristo Esposo – que corresponde ao da entrada gloriosa em Jerusalém, como dois pólos de um único mistério – representando Cristo morto, em pé, num sarcófago, diante da cruz e dos instrumentos da paixão, é levado em procissão. O ser humano é absolutamente indigno dessas núpcias divinas, mas confia naquele que pode e quer revesti-lo, dando-lhe a sua glória e dignidade. É o tema da veste que aparece muitas vezes na Escritura e nos escritos dos santos Padres. É a túnica de inocência e de glória que Adão perdeu e que foi dada novamente ao ser humano no batismo. "A castidade de José, aquele que honrou a natureza espiritual dos homens", lembrada no ofício, diz que a ascese garante a liberdade das pessoas.

2. "Na hora da angústia, guarda o mandamento"

"Tendo encontrado na egípcia uma segunda Eva, a serpente se esforçava para fazer José cair na sedução de suas palavras; ele, porém, abandonando o manto, fugiu do pecado e, nu, não se envergonhava, como o Progenitor antes da desobediência. Por suas orações, ó Cristo, tem piedade de nós".

Em José, a Igreja sempre viu a figura do novo Adão, do corpo espiritual, da carne gloriosa, que está para ressuscitar do sepulcro de Cristo. José se encontra entre o primeiro Adão pecador, privado da glória, coberto de vergonha, corruptível, e o novo, revestido de glória e incorruptibilidade. É o sinal da libertação das paixões, da vida como filhos de Deus, porque filhos da ressurreição que a páscoa do Senhor inaugurou para nós.

Este trecho tem ainda ligação com a vida de Cristo, que também foi tentado (cf. Lc 4,1-13). A defesa de Cristo diante das tentações é definitiva revelação da fidelidade de Deus e a Deus. E revela ao discípulo que o caminho para a verdadeira vida é a retidão do coração, é manter o olhar em Cristo, que, por sua vez, fixa o olhar no Pai, sem que ninguém consiga distraí-lo.

Na vida espiritual, é salutar aprender a fixar a atenção nas realidades verdadeiras, que permanecem e que não são corruptíveis. Tais realidades não podem ser grandes aclamações, mas aquilo que o Espírito Santo nos faz amar no Rosto humano de Deus, o qual se tornou nosso próximo em Cristo. Saber pensar, prestar atenção nas coisas que contam, significa não se dispersar, não se perder, mas guardar a paz interior. As agitações provêm quase sempre de uma atenção dispersiva e de um pensamento fixado em coisas que nós mesmos nos prefixamos, mas que não nos são comunicadas nem reveladas.

José, primeiramente, sofreu o furto da túnica, depois o do manto. Vai-se cada vez mais para um despojamento radical, uma *kenosis* total. A mulher fica com o manto na mão e terá de inventar alguma coisa, do mesmo modo que os irmãos. Tem de inventar uma mentira, pois o tentador é pai da mentira (cf. Jo 8,44).

Quantas vezes o plano de Deus passa por jogos de pessoas insatisfeitas, que querem criar uma diversão para si. O maior entre os nascidos de mulher, João Batista, é decapitado porque Herodes, encantado pela dança da filha, lhe tinha prometido dar-lhe tudo o que ela pedisse. A moça é instigada pela mãe, mulher implicada em histórias de adultério, que aproveita a situação para lhe sugerir que peça a cabeça de João Batista. Para contentá-la, trazem a cabeça dele até mesmo num prato.

O Mestre, Jesus Cristo, também morre em meio a acontecimentos humanos banais. Marcos, no capítulo 15 de seu Evangelho, descreve a morte de Cristo como uma paródia do rito de coroação do rei dos judeus. O destino do discípulo é, portanto, também o de ser vítima dessas coisas, muitas vezes tão cruelmente banais.

O bem punido

A mulher conta a sua versão dos fatos de tal maneira a não deixar espaço para nenhuma outra interpretação além da dela. E José, fiel ao patrão, é colocado na prisão. Ele não tocou na mulher do patrão por honestidade e gratidão para com aquele que, agora, o pune. E como, em última instância, José apelava a Deus, poder-se-ia esperar que ao menos o Senhor fizesse, agora, o patrão perceber e entender o seu erro, o seu engano, salvando o inocente.

A história de José nos lembra continuamente a sabedoria da cruz. A maturidade espiritual consiste em levar antecipadamente em conta a Páscoa. Quem quer que envered e pelo caminho do Evangelho e, tocado por Cristo, deseja segui-lo, já sabe que pela lógica do "mundo" não terá nenhuma vantagem. Quando fazemos opções na vida, quando nos encontramos em encruzilhadas importantes, é bom saber que, no caminho que consideramos certo, cedo ou tarde, nos espera a punição por um bem realizado.

2. "Na hora da angústia, guarda o mandamento"

É muito freqüente alguém fazer o bem e ser totalmente mal-entendido, ser julgado de maneira completamente errada por ações nas quais colocou intenção pura e límpida execução. Contudo, uma das características da pessoa que realiza tudo por amor é justamente ser mal-entendido. Imersos numa cultura de pecado e de sensualidade, do protagonismo e do ter, uma ação e um gesto de amor não podem ser compreendidos sem que façamos cálculos e especulações a respeito. Por outro lado, essa característica é iluminada e esclarecida na figura de Cristo. Ele fazia o bem e muitos se lançavam contra ele. Realizava milagres, e pegavam pedras para lapidá-lo. Levaram-no até a fazer uma pergunta explícita: "Eu vos mostrei muitas obras boas da parte do Pai. Por qual delas me quereis apedrejar?" (Jo 10,32). Então, não se trata somente do fato que o bem não é visto nem reconhecido como tal. Pelo contrário, é reconhecido como autêntico bem, exatamente por não ser visto nem reconhecido. O bem, sendo o amor, nunca busca para si (cf. 1Cor 13,5). É tal, por ser de todos, e é bem, porque desinteressado. Não pede para si e, por isso, o pecado não o suporta. Numa cultura do pecado, onde o mal é mais ou menos legitimado e corremos o risco de nos vangloriar de coisas das quais deveríamos nos envergonhar (cf. Fl 3,19), o bem deve ser punido, porque desmascara o mal e o faz ruir em sua essência, isto é, em seu interesse egoísta. E é por isso que o mal pune o bem. Todavia, o bem continua fazendo o bem, mesmo punido, porque não pode começar a se defender, uma vez que não busca seu próprio interesse (cf. 1Cor 13,5). De fato, José, inclusive na prisão, continuará fazendo o bem, que continua sendo a única resposta ao mal: "Não te deixes vencer pelo mal, mas vence o mal pelo bem" (Rm 12,21). Não conseguimos pensar dessa maneira, porque cultivamos sempre a visão do sucesso do bem, de uma sua vitória formal, onde todos o aplaudem.

Novamente, na prisão, José está numa situação desesperadora. O plano é o mesmo da Páscoa, pois quando, no Egito, Israel não tiver mais nenhuma chance, todos os primogênitos serão mortos e não haverá nada mais a fazer, o Senhor intervirá para trazer a salvação.

O mesmo acontece agora. Seria impossível imaginar momento mais trágico. Já uma vez, após ter sido jogado numa cisterna, José foi vendido. Agora, encontra-se aqui, sem ter feito nada de mal, somente por ter permanecido fiel ao patrão e a Deus. O carceireiro-chefe, porém, como antes Putifar, é atraído pela pessoa de José. O Senhor concede a este a sua bênção. Nas situações difíceis, José afirma-se, porque carrega uma profecia, que lhe faz abrir as portas então fechadas. É a lógica do amor: ele é amado, e por isso é excluído, mas sempre novamente amado por um outro, como se toda vez em que é excluído, o amor ressuscitasse por meio de uma outra pessoa...

A SABEDORIA, DOM "DO ALTO": GN 40,1-19

> Sucedeu, depois, que o copeiro e o padeiro do rei do Egito ofenderam seu senhor, o rei do Egito. O faraó encolerizou-se contra os dois ministros, o chefe dos copeiros e o chefe dos padeiros, e os lançou no cárcere da casa do chefe da guarda – o cárcere onde José estava preso. O chefe da guarda indicou-lhes José para servi-los. Passaram algum tempo no cárcere.
>
> Certa noite, o chefe dos copeiros e o chefe dos padeiros do rei do Egito, que estavam presos no cárcere, tiveram um sonho, cada qual com significado diferente. Ao entrar, pela manhã, José os encontrou com o rosto abatido. Perguntou, então, aos ministros do faraó, que com ele estavam presos na casa do seu senhor: "Por que estais, hoje, com o rosto mais triste?". Eles responderam: "Tivemos um sonho e não há quem o interprete". José disse: "Por acaso não cabe a Deus a interpretação dos sonhos? Contai-me os sonhos".
>
> O chefe dos copeiros contou o sonho a José, dizendo: "No meu sonho, vi diante de mim uma videira com três ramos. Logo que as folhas saíam, florescia e as uvas amadureciam. Como eu segurava nas mãos a taça do faraó, colhi os cachos, espremi as uvas na

taça do faraó e as pus nas mãos dele. José lhe disse: "O significado do sonho é este: os três ramos são três dias. Dentro de três dias, o faraó levantará tua cabeça: ele te reconduzirá a teu cargo, e porás a taça dele em suas mãos, como antes o fazias, quando eras copeiro. Mas lembra-te de mim quando as coisas te correrem bem, e faze-me o favor de me recomendar ao faraó para que me tire desta prisão. Com efeito, fui seqüestrado da terra dos hebreus e, mesmo aqui, nada fiz para me trancarem na prisão".

Quando o chefe dos padeiros viu que José explicou bem o sonho, disse-lhe: "Eu também tive um sonho: carregava sobre a cabeça três balaios de pão branco. No balaio de cima havia toda sorte de guloseimas preparadas pelos padeiros para o faraó, e as aves comiam do balaio, que eu levava sobre a cabeça". José respondeu: "O significado é este: os três balaios são três dias. Dentro de três dias, o faraó levantará tua cabeça: ele te pendurará numa árvore para a aves comerem a tua carne".

Na vida de José entram misteriosamente o copeiro e o padeiro do rei do Egito. Muitas vezes a história do bem passa por circunstâncias misteriosas, por caminhos imprevisíveis. A vida transcorre entre relações e encontros. É difícil trancá-la em esquemas. Mediante encontros interpessoais é que se comunica a vida e se transmite a sabedoria. Saber encontrar uma pessoa significa ser iniciado a uma reflexão sapiencial que passa por toda a humanidade. Veremos como precisamente essas duas pessoas ofereceram a José aquele encontro providencial mediante o qual ele continua a sua missão.

Os dois tinham sonhado, porém não entendiam o sonho. Quem crê, vai logo à fonte – Deus. Ele tem as interpretações. Não se trata, porém, de alguma fórmula mágica, por meio da qual Deus, de certa forma inteiramente excepcional, comunica a sua sabedoria a José. Convém repetir: nesta história de José há um equilíbrio divino-humano excepcional, em que a compenetração recíproca é, de fato, espiritual e, portanto, livre, em que não há totalitarismo divinizador nem unilateralismo humanizante. José se remete a Deus. Contudo, quando responde, à primeira vista parece que o faz baseado na própria sabedoria, no próprio conhecimento. Não usa fórmulas nas quais o apelo a Deus seja direto e constante, não fala como os oráculos dos profetas, mas usa o modo sapiencial. A pessoa enraizada em Deus, ao seguir a própria vocação, ativa todos os seus recursos, todas as suas capacidades.

A sabedoria de José é o último fruto da fé, dom "do alto" (cf. suas características em Tg 3,13-18) que, na tradição bíblica, tipicamente oriental, não é primeiramente conhecimento intelectual, e, sim, qualidade das pessoas as quais, depois de acolherem o dom de Deus e serem educadas na Palavra, são, segundo as palavras de Rossi de Gasperis (op. cit., p. 91), "peritas na prática da vida e da morte, da alegria e da dor, do amor, da amizade, da paz e da guerra, da riqueza e da pobreza, do sucesso e do fracasso[...]. São capazes de interpretar corretamente, de agir prudentemente e ensinar bem o que é o homem e a mulher, como eles devem conduzir uma família, educar os filhos, viver e ser respeitados na sociedade, como gerir os negócios e o dinheiro etc." É o que diz Moisés ao qualificar os israelitas: "Vede, eu vos ensinei leis e decretos, conforme o Senhor, meu Deus, me ordenou para que os pratiqueis na terra em que ides entrar e da qual tomareis posse. Guardai-os e ponde-os em prática, porque neles está vossa sabedoria e inteligência diante dos povos para que, ao conhecerem todas essas leis, digam: 'Sábia e inteligente é, na verdade, esta grande nação'. Pois qual é a grande nação que tem deuses tão próximos como o Senhor nosso Deus, sempre que o invocamos? E qual a grande nação que tenha leis e decretos tão justos quanto toda esta Lei que hoje vos proponho?'" (Dt 4,5-8).

O bem esquecido: Gn 40,20-23

Ora, realmente, ao terceiro dia o faraó celebrava o aniversário e deu um banquete a todos os servidores. "Levantou a cabeça" do

2. "Na hora da angústia, guarda o mandamento"

chefe dos copeiros e do chefe dos padeiros entre os servidores: e conduziu o chefe dos copeiros ao cargo de servir a taça ao faraó; e quanto ao chefe dos padeiros, mandou enforcá-lo, conforme a interpretação que José lhe havia dado.

Mas o chefe dos copeiros não pensou mais em José, esquecendo-o.

Tendo permanecido fiel e por isso ter sido punido com a prisão, José comportou-se bem nela. Contudo, foi recompensado com o esquecimento. O copeiro, ao qual havia feito o bem, tão logo se viu solto, esqueceu seu benfeitor na escuridão do cárcere.

O ser humano é levado a esquecer aquele que lhe faz o bem. Quando estamos com problemas, desejamos ardentemente aquilo de que temos necessidade e nos concentramos fortemente em quem pode nos oferecer ajuda. Logo, porém, que alcançamos aquilo que precisávamos, depois de um momento de alegria nos esquecemos do nosso benfeitor e, mais tarde, nos esquecemos também das dádivas recebidas. Quantas vezes se fazem festas, com premiações e agradecimentos, sem que a pessoa que mais merece esteja presente ou o seu nome seja mencionado.

Permanece a pergunta: somos capazes realmente de julgar quem é merecedor de alguma coisa? Tanto é verdade que esse assunto de méritos e agradecimentos é pouco mencionado pelos autores espirituais. É esta uma atitude espiritual que ensina a fazer o bem às escondidas, para não se não cair na tentação, nem misturar o bem com o mal, o egoísmo com o amor. Quando nos convencemos, pouco a pouco, de que realmente fazemos o bem, somos honestos, bons, e não somos reconhecidos como tais, nos ofendemos e nos entristecemos. Há toda uma dimensão na tristeza estreitamente ligada a essa soberba espiritual. Mas sempre nos ensinaram a fazer o bem às escondidas, sem visar à recompensa alguma: "Cuidado! Não pratiqueis vossa justiça na frente dos outros, só para serdes notados. De outra forma, não recebereis recompensa do vosso Pai que está nos céus. Por isso, quando deres esmola, não mandes tocar a trombeta diante de ti, como fazem os hipócritas nas sinagogas e nas ruas, para serem elogiados pelos outros. Em verdade vos digo: já receberam a sua recompensa. Tu, porém, quando deres esmola, não saiba a tua mão esquerda o que faz a tua direita" (Mt 6,1-3). Sem dúvida, deve ser uma realidade muito perigosa, sob o ponto de vista espiritual, pois Cristo diz que quem faz o bem àqueles que lhe fizeram o bem, comporta-se como os pecadores (cf. Lc 6,33). O assunto da recompensa tem, na Bíblia, um peso notável, embora desvinculado de qualquer reducionismo psicologista.

O bem realizado é amor, se for realizado em Cristo, que é a plenitude do amor. A minha vida será, assim, escondida com Cristo em Deus (cf. Cl 3,3). E a revelação disso se dará no retorno definitivo de Cristo à Terra, no final da história. A parusia é a definitiva, perfeita e completa revelação de Cristo. Isso significa que tudo aquilo que foi visto em Cristo, com ele, por ele, ressurgirá glorioso juntamente com ele. Edith Stein disse: "O homem novo também carrega no próprio corpo os estigmas de Cristo: isso faz lembrar a miséria do pecado da qual ele surgiu para uma nova vida, mas também o caro preço com que esta foi paga" (*Kreuzwissenschaft. Studie über Joannes a Cruce*. Louvain-Freiburg 1952, p. 241). A parusia irá desvelar a verdade. Aí se manterá somente aquilo que foi experimentado na história, vivido como tríduo pascal.

É por isso que o bem esquecido não será esquecido, mas realizado da maneira mais autêntica. O bem esquecido é o tecido orgânico forte que faz da história um organismo vivo do Cristo universal que, na luz do Espírito Santo, se revelará como nova Jerusalém. Os sofrimentos escondidos do amor, vivido e crucificado nos lugares mais desconhecidos, são as pérolas preciosas incrustadas nas pedras da Jerusalém celeste que, um dia, o Espírito Santo nos mostrará como a Esposa do Cordeiro. O amor que pratica o bem gratuitamente não precisa ser visível aos olhos do mundo, porque já está saciado na esperança que não desilude, porque já passou da morte à vida em Cristo ressuscitado. O bem esquecido é um verdadeiro bem. Por isso, a pessoa que o realiza e depois é esquecida sofre, sem dúvida, mas também ressuscita na alegria de um coração pacificado, porque sabe que Deus o viu e o aceitou. Além disso, essa pessoa amadurece a convicção de que foi Deus Pai, mediante o Espírito Santo, quem realizou tal bem. Ela somente está aberta à vontade de Deus, o único que possui o bem e que o pode realizar (cf. Mc 10,18).

Solov'ëv diz: "Quando sentimos aversão ao mal que exerce domínio sobre o mundo e sobre nós mesmos; quando nos esforçamos para combater esse mal e, por experiência, estamos convencidos da impotência de nossa boa vontade, então surge para nós a necessidade moral de procurar uma outra vontade, que não queira apenas o bem, mas que também o possua e, portanto, possa nos comunicar a força desse bem. Essa vontade existe, e antes que saiamos ao seu encalço, ela já nos encontrou. Revela-se à nossa alma por meio da fé e nos une a si na oração" (*Fondamenti spirituali della vita*. Roma, 1998, p. 37). Por isso, a pessoa sabe que esse bem participado do amor de Deus Pai, que, como todo bem, é realizado no Filho, é arrancado da morte e goza da vida eterna. Todo agradecimento humano e todo reconhecimento dos outros não chegam nem perto da verdade de tal bem. O bem realizado é a face pessoal do amor, que é a consolação suprema. "Tua face, Senhor, eu busco. Não me escondas o teu rosto" (Sl 27,8b-9a). Hoje não é fácil compreender essas verdades, submersos como estamos numa cultura dos meios de comunicação em que uma coisa será boa se for reconhecida, apreciada e aceita.

Deus é a memória viva, porque é o amor. E tudo o que o amor abraça permanece eternamente. Ele esquece os pecados e as culpas de quem se arrepende e invoca a sua misericórdia. Tem uma atitude materna para com a criação. Por isso, quem se encontra na escuridão do esquecimento pode repetir em seu coração: "Acaso uma mulher esquece o seu neném, ou o amor ao filho de suas entranhas? Mesmo que alguma se esqueça, eu de ti jamais me esquecerei" (Is 49,15). "Até quando, Senhor, me esquecerás para sempre? Até quando me ocultarás o teu rosto?" (Sl 13,2). Contudo, "Deus não é injusto para esquecer..." (Hb 6,10). Ou melhor, o bem esquecido pelas pessoas é enaltecido na liturgia como eterna anamnese do todo bem em Cristo. Ele será glorificado nos seus, na Igreja pela Igreja, até o dia da celeste liturgia na parusia, onde tudo será nele e ele em tudo. Nesse grande dia de surpresa absoluta, veremos que as pessoas que realizaram o bem e foram esquecidas eram o tecido orgânico que, nos bastidores de um mundo desorientado e cego a ponto de não ver que se afundava nas fendas do tempo, salvavam do precipício definitivo também aqueles que as afligiam com o desprezo e a recusa do bem que faziam.

3
José, senhor do Egito

A EXALTAÇÃO DE JOSÉ: GN 41,1-16.25-42.46-57

Passados dois anos, o faraó teve um sonho: achava-se às margens do rio Nilo e viu subir dele sete vacas bonitas e gordas para pastar na várzea. Mas atrás delas subiam do rio outras sete vacas feias e magras, as quais se colocaram junto às sete que já estavam à margem do rio. As vacas feias e magras devoraram as sete vacas bonitas e gordas. Nisso o faraó acordou. Depois adormeceu e sonhou pela segunda vez: viu sete espigas bem graúdas e belas saindo do mesmo caule. Mas atrás delas brotaram sete espigas chochas, ressequidas pelo vento leste. As sete espigas chochas engoliram as sete espigas graúdas e cheias. Então, o faraó acordou e percebeu que era um sonho.

Pela manhã, com o espírito perturbado, mandou chamar todos os adivinhos e sábios do Egito. Contou-lhes os sonhos, mas não houve quem os interpretasse ao faraó. Então, o copeiro-mor falou ao faraó, dizendo: "Hoje devo recordar minha falta. O faraó esteve irritado contra os servos e os mandou encarcerar na casa do chefe da guarda, a mim e ao chefe dos padeiros. Na mesma noite, ambos tivemos um sonho, cada qual com um sentido diferente. Havia lá conosco um jovem hebreu, escravo do chefe da guarda. Contamos os sonhos, e ele os interpretou, dando a cada um a sua interpretação. Aconteceu tal como nos interpretou: eu fui reconduzido ao cargo e o outro foi pendurado".

O faraó mandou chamar José, e depressa o tiraram da prisão. José barbeou-se, mudou de roupa e apresentou-se ao faraó. O faraó disse a José: "Tive um sonho e não há quem o interprete. Ouvi dizer que, apenas ouves um sonho, logo o interpretas". José respondeu ao faraó: "Não eu, mas Deus dará uma resposta plausível ao faraó". [...]

José disse ao faraó: "O sonho do faraó é um só. Deus deu a conhecer ao faraó o que vai fazer. As sete vacas bonitas são sete anos e as sete espigas bonitas são sete anos. Pois o sonho é um só. As sete vacas magras e feias que subiam atrás das outras são outros sete anos, e as sete espigas chochas e ressequidas pelo vento leste correspondem a sete anos de fome. É como eu disse ao faraó: Deus lhe fez ver o que vai fazer. Virão sete anos de grande fartura em todo o Egito. Depois virão sete anos de carestia, que farão esquecer toda a fartura na terra do Egito, e a fome acabará com o país. Esquecerão que houve fartura no país, por causa da fome que seguirá, pois será terrível. A repetição do sonho por duas vezes significa que da parte de Deus o fato já está decretado e que ele se apressará em executá-lo.

Portanto, o faraó procure um homem inteligente e sábio e o ponha à frente do Egito. Nomeie o faraó fiscais pelo país e recolha a quinta parte das colheitas do Egito durante os sete anos de fartura. Reúnam todos os víveres dos anos bons que virão e, por ordem do faraó, armazenem o trigo e o guardem como provisão nas cidades. Esses mantimentos servirão de provisão ao país para os sete anos de fome que virão sobre o Egito, a fim de que o país não pereça de fome".

Essas palavras agradaram ao faraó e a todos os seus servidores. E o faraó disse aos servidores: "Poderíamos, por acaso, encontrar outro homem como este, dotado do espírito de Deus?". E disse para José: "Uma vez que Deus te revelou estas coisas, não há pessoa tão inteligente e tão sábia como tu. Serás tu quem governarás o meu palácio; a teu comando, todo o povo te obedecerá. Só pelo trono serei maior do que tu". E o faraó disse ainda a José: "Olha, eu te ponho à frente de todo o Egito". O faraó tirou o seu anel da mão e o colocou na mão de José. Mandou vesti-lo com vestes de linho fino e lhe pôs ao pescoço um colar de ouro. [...]. José tinha trinta anos quando se pôs a serviço do faraó, rei do Egito. José saiu da presença do faraó e percorreu todo o Egito.

Durante os sete anos de fartura, o país conheceu grande fertilidade. José recolheu a produção dos sete anos em que houve fartura no Egito e armazenou-a nas cidades, depositando em cada uma a produção do campos que a rodeavam. José chegou a reunir trigo em tamanha quantidade como as areias do mar, de maneira que desistiu de contá-lo, porque ultrapassava toda medida.

Antes de chegar o primeiro ano da fome, José teve dois filhos com Asenet, filha de Putifar, sacerdote de On. Ao primeiro deu o nome de Manassés, pois dizia: "Deus me fez esquecer todos os meus sofrimentos e a família de meu pai". Ao segundo chamou Efraim, dizendo: "Deus tornou-me fecundo na terra de minha aflição".

Terminados os sete anos de fartura no Egito, começaram a vir os sete anos de fome, como José havia dito. Em todos os países grassava a fome, mas no Egito inteiro havia o que comer. E quando também todo o Egito começou a sentir fome, o povo se pôs a clamar ao faraó, pedindo pão. O faraó disse à população: "Dirigi-vos a José e fazei o que ele vos disser". Quando a fome se estendeu a todo país, José abriu todos os armazéns e começou a vender o trigo aos egípcios, pois a fome se agravara também no Egito. De toda a terra vinham ao Egito comprar alimento de José, pois a fome era tremenda em toda a terra.

"Não eu, mas Deus"

Para uma mentalidade superficial, aqui se poderia encerrar a história de José: com o seu triunfo. A injustiça sofrida foi reparada com o máximo reconhecimento. Da humilhação à exaltação.

Começa a exaltação de José. O bem que tinha sido punido e esquecido, agora é chamado a reaparecer. Libertam José da prisão para resolver o enigma dos sonhos do faraó.

No começo da história de José havia também sonhos. Mas o texto não diz que ele os tenha compreendido e qual a interpretação que lhes dera. Agora, voltam os sonhos como realidade mediante a qual ele será enaltecido, mais do que os sábios e os videntes do Egito, famosos no mundo todo. De fato, a narrativa ressalta que, diante da incapacidade dos sábios do faraó para resolver a questão, José foi a única pessoa que conseguiu resolvê-la. Dessa forma, preparou-se o cenário no qual irá sobressair a sua grandeza. Da humilhação ele emergirá na casa do chefe da maior potência mundial. E, embora sob o ponto de vista literário, a narrativa prepare o caráter excepcional de José, até supor que o faraó tenha sido praticamente obrigado a reconhecer nele o homem sábio necessário para a salvação do Egito, é verdade, porém, que José, diante do faraó, em toda a conversa até o fim, nunca demonstra possuir algum mérito ou dote particular relativo à interpretação dos sonhos. Ao contrário, com seu estilo sóbrio, essencial, dá a entender claramente ao faraó que é Deus quem concede o conhecimento, a sabedoria, a visão. A esse respeito, não há em José nenhuma ambigüidade. Ao contrário, precisamente no momento solene da sua plena vitória sobre as injustiças sofridas, quando chega a ter poder sobre o Egito, José é um luminoso exemplo de autêntica humildade.

A humildade é uma virtude que, na vida espiritual, garante o verdadeiro sabor de todas as outras virtudes. Assim como a perseverança é necessária para que toda virtude se torne verdadeiramente tal, isto é, uma atitude constante da própria participação em Cristo, numa precisa dimensão da vida, do mesmo modo, a humildade garante que as virtudes não se transformem em motivos de autocomplacência, mas permaneçam como tais. Sem humildade, nenhum crescimento espiritual é verdadeiro crescimento. A humildade é uma atitude que faz com que a pessoa deixe de olhar para si mesma para olhar para o Outro. É como se quisesse dizer: "Não encontro no meu eu um ponto de referência seguro. Esse ponto és tu, Senhor da vida". A humildade é, portanto, uma atitude de prostração, de atenção ao outro, a Deus. Ora, como a vida brota de uma realidade pessoal, ou melhor, tripessoal, pois fundamenta-se no mistério de Deus Pai, Filho e Espírito Santo, para conhecê-la é preciso aproximar-se dela com a atitude própria do conhecimento das pessoas. Sabemos que a pessoa não pode ser conhecida somente com base na análise dos dados que temos dela ou da dedução dos conhecimentos adquiridos. Para conhecê-la é preciso que ela mesma se revele. Somente após tal revelação, todos os possíveis elementos que posso acrescentar a esse conhecimento adquirem significado. Mas a pessoa somente se revela quando o outro se predispõe numa atitude que favoreça essa revelação. Uma atitude dada precisamente por essa atenção ao outro que chamamos amor e que se caracteriza por aquela constante dimensão inseparável da atenção amorosa, que é a humildade, a qual liberta dos medos, conserva uma relação aberta, a fim de que o outro permaneça verdadeiramente o primeiro. De maneira inseparável, aqui se juntam a fé, o amor e a humildade. Para essa pessoa, a vida se revela e descobre seus mistérios. A vida verdadeira, aquela do rosto pessoal, porque dom do amor da Trindade, se revela e se dá a conhecer, de maneira sapiencial, a quem está disposto a acolher sua revelação. De fato, está escrito que Deus se doa aos humildes (cf. Pr 3,34). A sabedoria acompanha os humildes. Mas como são humildes e não aparecem, é preciso procurá-los. De fato, José, apesar de todo o grupo de sábios do Egito, foi repescado na prisão, no esquecimento. Foi chamado precisamente mediante as relações, encontros, experiência que se tinha dele, pois acerca do verdadeiro sábio a notícia corre. A soleira da sua casa fica gasta (cf. Eclo 6,36) porque as pessoas contam o tesouro que encontraram. A humildade é, portanto, a porta da sabedoria.

Geralmente, sentimos muita dificuldade em ler os sinais dos tempos, como os discípulos de Emaús que discutiam sobre o que lhes acontecera e não viam o protagonista dos acontecimentos de que falavam. A burrinha de Balaão também nos pode ajudar a compreender uma certa cegueira que nos impede de ver que a vida pertence a Deus e que nele se encontram os motivos, os nexos e o sentido da história. A cultura dos últimos séculos, fascinante em seus valores humanistas e nos desenvolvimentos em tantos campos, talvez nos tenha dificultado o uso de nossa inteligência e de nossa mente em todas as dimensões. A razão analítica, paralelamente ao eclipsar-se de uma mentalidade religiosa e do exercício da inteligência espiritual, procura entender o significado e para onde se orientam os acontecimentos da história, hoje, mediante o método de que se servem as ciências e a filosofia moderna. No entanto, esse tipo de mentalidade, sozinha, não pode nos dar tais respostas. Sua tarefa é a de preparar os dados e colher o material. Mas encontrar a chave da compreensão global, abrir a visão, é tarefa do Espírito Santo. E essa tarefa só pode ser compreendida pela intelecção espiritual que raciocina com humildade e caridade, isto é, com grande cuidado em dar atenção ao outro. A inteligência espiritual não se contrapõe à razão analítica, mas a integra; não ignora seus procedimentos nem seus resultados, e, sim, os insere na compreensão global típica do conjunto da inteligência espiritual, que revela a vida como organismo vivo e os fenômenos como episódios desse organismo. Essa compreensão é possível à pessoa que amadurece a sua vida dentro da relação fundante com Deus.

Nessa história, José falou pouco de Deus, mas nos momentos cruciais e com uma extrema clareza sempre colocou em evidência que, para ele, Deus é o primeiro e que, apesar de tudo o que lhe acontecia, o Senhor continuava sendo o primeiro. Nem os sentimentos de rancor, de ódio, de todo tipo de passionalidade não haviam conseguido impedir essa relação. De fato, semelhante atitude espiritual da mente ilumina, cura e faz amadurecer também os sentimentos do ser humano. Somente um coração íntegro pode ler a história, uma vez que para lê-la é preciso ser maduro na contemplação, isto é, inteiramente livre, purificado e hábil na reflexão espiritual sobre a experiência, a vivência e o ensinamento transmitido pelos outros. Há uma atitude de *staretz* em José, diante do faraó; há uma espécie de cardiognose, de conhecimento do coração.

Certamente José teve ocasião de refletir no silêncio dos anos do esquecimento, da prisão. E, se para ele Deus era essa rocha inquebrantável, é evidente que fazia suas reflexões diante e a respeito dele.

Inteligência para ler a história

A sabedoria espiritual consiste em conhecer a ligação que há entre o aspecto fenomenológico da vida, como também entre a história, em suas articulações cotidianas, e a salvação da pessoa. A inteligência espiritual compreende as coisas em relação à salvação, e a salvação dos seres humanos é entendida como revelação da glória de Deus, do seu amor, o único digno de adoração e veneração. Com certeza, este trecho é, hoje, para nós um grande desafio, porque, sem meios-termos, confirma a unicidade de Deus e o seu primado absoluto. Ele é o primeiro. A leitura da história deve ser sapiencial e espiritual, isto é, aquela que diz respeito à salvação que se realiza no amor de Deus, Criador e Salvador.

Não é fácil encontrar um pai ou uma mãe espiritual que, sem fundamentalismos ou fanatismos religiosos, mas também sem moralismos e psicologismos, possam falar com as pessoas levando-as a ver o que são e o que acontece em suas vidas, em chave de salvação e de amadurecimento com Deus e com os outros e, portanto, consigo mesmas. De fato, hoje há uma grande procura de mulheres e homens espirituais. Mas não é fácil entrar em acordo nem sequer sobre o significado de espiritual, vida espiritual, sabedoria, inteligência espiritual etc. A vida espiritual, se tiver que obedecer a uma escola de espiritualidade, a uma teoria, a uma corrente espiritual, com muita dificuldade se torna vida. É difícil ler a nossa própria pessoa, por demais ocupados que estamos sobre como deveria ser, sobre como gostaríamos que os outros nos vissem. Da mesma forma, é difícil ler a história, se não nos libertarmos da idéia de como deveria ser, de como os outros, a Igreja e nós mesmos deveríamos ser.

Há uma passagem fundamental na narrativa de José que não podemos deixar despercebida. A porta para a humildade é a humilhação. Não nos tornamos humildes a não ser pela graça, pelo amor do Espírito Santo que faz com que nossas humilhações amadureçam. Parece cruel, mas os grandes mestres da vida espiritual concordam neste ponto. Chega-se à humildade mediante a *kenosis*. Também José teve a sua humilhação e a suportou até o fim. Diante dele se tinham fechado todos os caminhos: sua roupa, embebida do amor do pai, fora-lhe tirada e encharcada de sangue; as pastagens do seu pai tinham ficado distantes; os mercadores o haviam comprado e levado para uma terra estrangeira. Até mesmo a luz se apagara para ele: antes, a cisterna, depois, a prisão. Há uma certa ligação entre os sonhos do faraó e a vida de José. Este também vivera seus anos felizes na casa do pai, com certeza mimado e, talvez, até mal-acostumado. Mas os seus sete anos de abundância passaram e chegaram os sete anos magros, de provação e de crise. Entretanto, como veremos, esses anos não apagaram o amor de José por Jacó e por sua família. Ao contrário, deram-lhe maturidade. E, depois da carestia, chegou o momento da verdadeira abundância, a época dos frutos. É, de certa maneira, o enredo da narrativa, a qual não é somente o esquema literário do herói individualizado, provado, confirmado, mas o esquema sapiencial que servirá para José encontrar os seus irmãos, e a estes, para descobrirem o pai, e, conseqüentemente, o irmão. O verdadeiro herói da história, de fato, não é José, e, sim, o amor do pai e dos filhos que se descobrem irmãos. Nessa tensão divino-humana, pneumatológica e cristológica, José amadurece até o ponto de estar certo de que é Deus quem dá o conhecimento, porque é ele quem leva a termo os acontecimentos, por meio de sua providência. José é um homem sábio, porque ama a providência. Leu os sonhos do faraó, porque Deus lhos dera compreender como meio para realizar a vocação que lhe fora dada pelo pai: a de procurar seus irmãos.

3. José, senhor do Egito

A curiosidade é própria dos principiantes, e é dispersiva. Cabe a nós saber o que diz respeito à nossa vocação. É precisamente isto que Deus nos dará a conhecer. A confusão entre conhecimento e informação fez com que a sabedoria se perdesse. Quando o ser humano acolhe verdadeiramente a vocação, e, por conseguinte, a própria verdade, o que é possível somente no Espírito Santo, e orienta todas as suas forças para essa vocação, sem se dispersar naquilo que os outros dizem e gostariam, com certeza Deus lhe faz ver como realizar esta vocação, realizando a si mesmo como amor do Amor trinitário e a si mesmo com os outros.

Somente por meio dos sonhos e do que constituirá o prêmio pela explicação destes, José há de encontrar seus irmãos.

Este episódio nos introduz no grande mistério de como se lê a história. A questão dos sonhos não deve ser encarada levianamente: a pessoa que está no caminho do bem, tem verdadeiramente olhos límpidos para poder ler a história. Um coração impuro e o apego às nossas coisas nos impedem de compreender o que está acontecendo. Ao contrário, quem tem um coração límpido e, como José, a transparência de uma criança, consegue interpretar, ver, prevenir e compreender como será a história e preparar a salvação dessa mesma história. Essa pessoa não tem um coração fechado nos próprios esquemas ou nas próprias coisas e assim os mistérios se tornam evidentes para ela.

Já dissemos que aqui poderia terminar a narrativa do episódio de José. Os irmãos continuaram sendo pastores, conduzindo o rebanho nas pastagens áridas, enquanto ele, vendido e odiado, tornou-se o homem poderoso do Egito, na plenitude da sua glória. Mas, como a história de José é uma parábola mediante a qual o próprio Deus revela o seu plano como Criador, Pai e Salvador dos seres humanos, como filhos e irmãos, e também da criação como âmbito no qual se realiza o plano do Pai, a narrativa não pode terminar aqui. Encerrá-la aqui satisfaria plenamente as elementares exigências psicológicas dos personagens ou uma vontade de justiça de certo modo superficial. Há, porém, outra parte da narração, a conclusiva, na qual o plano de Deus Pai se realiza como prefiguração daquilo que se realizou, em plenitude, em seu Filho predileto, o Unigênito, Jesus Cristo.

4

Uma pedagogia severa

OS IRMÃOS VÃO AO EGITO: GN 42,1-17

Ao ver que havia cereais no Egito, Jacó disse aos filhos: "Por que ficais aí, parados, olhando uns para os outros? Ouvi dizer que, no Egito, há trigo. Descei até lá e comprai trigo para nós, a fim de nos mantermos vivos e não morrermos".

Assim, dez dos irmãos de José desceram para comprar trigo no Egito. Jacó, porém, não deixou Benjamim, irmão de José, ir com eles, com medo que lhe acontecesse alguma desgraça. Os filhos de Israel chegaram com outros que também iam comprar cereais, pois havia fome em Canaã.

José governava o país e era ele quem vendia cereais a toda a população. Quando chegaram, os irmãos de José prostraram-se diante dele com o rosto em terra. Ao ver os irmãos, José os reconheceu, mas comportou-se com eles como um estranho e lhes perguntou com rispidez: "De onde estais vindo?". Eles responderam: "De Canaã, para comprar víveres". José reconheceu os irmãos, mas eles não o reconheceram.

José lembrou-se dos sonhos que teve a respeito deles e lhes falou: "Vós sois espiões. Viestes ver os pontos fracos do país". Eles disseram: "Não, senhor! Teus servos vieram comprar mantimentos. Todos nós somos filhos do mesmo pai, somos gente honesta; teus servos não são espiões". Ele lhes replicou: "Não é verdade, viestes ver os pontos fracos do país". Eles disseram: "Nós, teus servos, éramos doze irmãos, filhos do mesmo pai na terra de Canaã. O mais novo ficou com o pai e um dos doze já não existe". José insistiu: "Sois mesmo o que vos disse: uns espiões. Eu juro pela vida do faraó, não saireis daqui enquanto não vier vosso irmão menor. Mandai um de vós buscar vosso irmão, e vós outros ficareis, aqui, presos. Caso contrário, pela vida do faraó, juro, sois uns espiões". E mandou metê-los na prisão durante três dias.

Jacó, obrigado pela carestia, vai em busca de algo para sobreviver. Fica sabendo que, no Egito, há trigo. Então, chama os filhos a fim de enviá-los ao Egito. E os irmãos "desceram para comprar trigo no Egito" (42,3).

Comentando a história de José, Orígenes diz que é preciso sempre ficarmos atentos ao uso, na Bíblia, dos termos "subir" e "descer" em cada uma das passagens. Perceberemos que nunca se pode descer a um lugar santo e subir a um lugar vergonhoso. Todos aqueles que provêm de Abraão (os ismaelitas que venderam José também o são) descem ao Egito. Assim, quando em Gn 42,26, os irmãos de José voltam para casa, não está escrito que "subiram" do Egito, mas simplesmente que "partiram" de lá. De fato, não se poderia dizer que subiram do Egito, se um irmão fora aí retido como prisioneiro. Esses verbos nos introduzem à tomada de consciência dos irmãos, por meio do descer para constatar o próprio pecado e a sentir experiencialmente suas conseqüências.

Mas vamos por partes. Em toda a terra, há uma grande carestia, inclusive na terra de Canaã. É a parte mais exposta do ser humano que tem fome, sua parte corpórea. E a lembrança da morte é mais imediata, se faz sentir e orienta Jacó, sem que ele o saiba, para o filho que ele acreditava estar "morto". E o velho pai envia seus filhos para buscar víveres, o que, na realidade significa procurar o irmão (uma vez que o alimento e o irmão "morto" começam cada vez mais a coincidir) e procurar o trigo, isto é, procurar algo para viver, significa cada vez mais procurar o ausente. Tanto isso é verdade que quando chega aos ouvidos de Jacó a notícia de que José está vivo, o seu espírito revive. É como se José vivo, qual uma chama, reacendesse a vida de Jacó e dos irmãos (cf. Gn 45,27).

4. Uma pedagogia severa

Sem se dar conta, Jacó envia os filhos à procura de José, como antes havia mandado este à procura dos irmãos. De fato, é o medo da carestia e a lembrança da morte próxima que os levará, embora inconscientemente, a procurar o irmão. Nem mesmo José sabe que encontrará seus irmãos precisamente por meio da ascese pascal que eles terão de passar.

Quando seus irmãos fizeram José desaparecer, agiram como pecadores. O pecado, na Bíblia, é a morte do ser humano. É sobretudo o lado trágico da morte que provoca medo. Agora, é exatamente porque impulsionados pelo medo da morte que os filhos de Jacó descem ao Egito para comprar víveres. Aí terão de viver uma difícil ascese para compreender que não é somente de pão que as pessoas vivem (cf. Dt 8,3). A fragilidade do ser humano, com seus desejos de auto-salvação, torna-se a "carne", no sentido paulino, isto é, o epicentro falso, vazio e passional que se revolta contra Deus. É por esta razão que os irmãos de José terão de compreender que não é satisfazendo as necessidades da carne (as quais, neste caso, se manifestam mediante a corporeidade faminta) que se recorda da morte, fazendo desencadear a fome egoísta de ter algo a mais, que nos salva. Os irmãos deverão chegar a descobrir que vivemos do amor e por amor, e que amor significa também temor de Deus, vida na justiça e uso da criação em função desse amor que é exigente, justo, e que até consegue, inclusive, fazer ressuscitar. Então, a história não colocará em contraposição o trigo, os víveres, a fé, a justiça, o amor, Deus, mas, por meio de uma exigência corpórea bem imediata, nos levará a descobrir a exata hierarquia dessas realidades, isto é, a descobrir que somente no amor o trigo se tornará verdadeiro trigo, ou seja, o irmão. Portanto, levar-nos-á a descobrir também que é o amor do pai que faz com que os filhos sejam irmãos. Eis novamente a ligação imediata com Cristo que é o verdadeiro pão. É impressionante ver, sobretudo no evangelho de João, quanto Cristo insiste em sua identidade como alimento, como nutrição, como pão, carne, corpo, dado que ele é,

de fato, uma única identidade feita de pão, carne, corpo, filho...
Quem come este pão, o verdadeiro, alimenta a própria filiação,
acolhe a própria participação, no Filho, ao amor do Pai. Ou
melhor, torna-se consangüíneo dele, se faz filho e é introduzido
no conhecimento do Pai. Neste contexto, podemos sublinhar
que não existe nenhuma contraposição entre o crer e a justiça.
Ao contrário, não se admite nenhuma especulação sobre essa
questão. Devemos apenas compreender que o trigo, sem amor,
permanece simplesmente trigo, algo pelo qual podemos chegar
até a lutar, a matar e a morrer. Em todo caso, continua sendo
alimento que nutre para levar à morte. No amor, porém, o trigo
revela a sua ligação orgânica com o irmão e se torna verdadeiro
trigo. No amor, o trigo não é mais a matéria que alimenta o
corpo e que, apesar disso, não liberta da morte, mas adquire o
rosto pessoal do encontro. No trigo nós nos encontramos e participamos do amor de Deus Pai e Criador. Por isso, torna-se um
pão que alimenta para a vida eterna, pois tudo aquilo que é
assumido no amor passa da morte para a vida.

A fé não pode apoiar-se em abstrações filosóficas exatamente
por ser fé em Deus Pai, em que "Pai" é um termo que expressa uma
concretude, que implica, em si mesmo, relacionalidade, filiação,
fraternidade e todo o envolvimento criatural que esses termos com-
portam. Ao contrário, se partirmos de princípios abstratos, cedo ou
tarde sentiremos a necessidade de uma ética que abranja todos os
âmbitos que não foram atingidos. Mas sempre correremos o grave
risco de elaborar um regulamento, um código de princípios abstratos, que a pessoa perceberá como algo estranho, artificial, em relação ao conteúdo vital que pulsa em outros níveis.

Os irmãos se encontram com José e se prostram diante dele
com o rosto por terra. Começa, assim, de maneira quase literal,
a se realizar o sonho dos feixes. De fato, eles vieram exatamente
por causa dos feixes. E são os mesmos irmãos que afirmam ser
seus servos. José os reconhecera, mas para que a história possa
se cumprir em seu significado dentro da narrativa bíblica, ele

4. Uma pedagogia severa

ainda não pode se dar a conhecer. Por isso, inventa a hipótese, aliás plausível, dos espiões. De fato, como o Egito era o único país a ter trigo, é muito lógico que estivesse na mira de muitos.

Diante dessa acusação, os irmãos se defendem, dizendo, várias vezes, que são filhos de um único homem, mas não dizem que são irmãos. Repetem muitas vezes que são servos de José. E, sem serem interpelados, se dizem pessoas honestas.

José se mostra impassível e os coloca na prisão, por três dias.

Este episódio marca o início da purificação dos irmãos. Mas, de certa forma, também da purificação do próprio José, que se vê na situação de enfrentar seus sentimentos, suas emoções, suas lembranças, em chave espiritual. Os sentimentos imediatos o levariam a abraçar os seus irmãos e a chorar. Todavia, deve fazer uma certa ascese dessas emoções, no meio das quais poderiam estar misturados também sentimentos de dureza, a fim de que o encontro deles aconteça pela única verdadeira causa possível: o amor do único pai.

Até esse ponto, José caminha com eles, chorando às escondidas e sozinho. Seus irmãos, porém, começam a pôr-se uma pergunta fundamental para a vida espiritual: aquela sobre a própria identidade. Tinham respondido corretamente, enfatizando o fato de serem filhos de um mesmo pai, a fim de derrubar a hipótese de serem espiões. Mas José sabe que isso que eles dizem, embora seja verdade, não é compreendido por eles em toda a profundidade, em todo o seu significado, em todo o seu alcance. É necessário que passem de uma compreensão sociológica, econômica e de consangüinidade para um entendimento espiritual, que é o da vida e para a vida.

Estão diante do irmão "morto", mas na verdade eles é que estão mortos como irmãos. De fato, continuam a se declarar filhos e não irmãos. E, ao afirmarem que são irmãos, explicam que um deles tinha ficado em casa e que o outro não vive mais. E aqui tropeçam na própria afirmação de sinceridade: realmente, são sinceros no que se refere às informações, não, porém, acerca do amor do pai e dos irmãos. Por isso, a insistência na acusação de espionagem é para eles o início da catarse: diante disso, eles têm de se definir, se explicar, se conhecer. Não nos conhecemos sozinhos, nem mesmo raciocinando e pensando muito sobre nós mesmos. Nós nos conhecemos com os outros e diante deles. *Tu es, ergo sum.* É preciso passar, através do tu, para o nós. Para fazer isso, é preciso reconhecer a verdade sobre José, irmão deles. E para isso faz-se necessário relembrar onde está o amor de Jacó por seu filho predileto. Somente admitindo esse amor de predileção do pai, os irmãos poderão dizer a José quem eles são. Até agora contam apenas uma meia verdade. E não só a contam, como também a vivem. Eles vivem uma vida pela metade. No início da narrativa, os irmãos consideravam José como uma espécie de espião do pai. Agora, acusados pelo irmão "espião" de serem espiões, devem sofrer toda a angústia, a frieza e a morte de quem confunde o amor com o mal, o irmão com o espião, o amor do predileto com o ciúme e a inveja. Pensando que José fosse um espião do pai, não viam nele o irmão, o filho predileto. Agora eles é que são acusados de espiões, com todo o peso de se desculparem demonstrando que são irmãos. Para demonstrar que são tais, terão de descobrir, sob as vestes do irmão "espião", dor do amor do pai que conseguirá romper a dureza de seus corações e eliminar as suas falsas concepções. Nessa última parte da narrativa nos movemos durante todo o tempo dentro desse mistério de ver uma realidade na outra: sob o espião, é preciso descobrir o irmão, e sob o irmão tido como morto, o trigo, alimento que faz viver. Na cisterna seca devemos ser capazes de ver a água que sacia a sede. As cisternas vazias tornam-se celeiros cheios e, sob o pecado, a graça é abundante.

José coloca os irmãos na prisão, que é uma imagem da morte, fazendo-os passar, novamente, por uma experiência espiritual. A suspeita mata, e eles são suspeitos de ser espiões. Desta forma, os irmãos percorrem todo o itinerário de José, "morto" por causa da suspeita deles. Nesse sentido, a história de José é uma grande lição sobre a falsa cultura da suspeita e da morte e sobre a cura dessa tal cultura.

É interessante ver que José não dá uma lição aos irmãos, e, sim, os faz experimentar e viver certas realidades, mediante algumas perguntas pesadas, claras, porque é por uma reflexão experiencial, numa relação de amor, que se pode chegar à sabedoria e, portanto, à superação da suspeita e do ciúme que reduzem o outro a uma falsa identidade, uma vez que a pessoa que o julga também é falsa.

"É JUSTO SOFRERMOS ESTAS COISAS, POIS PECAMOS CONTRA O NOSSO IRMÃO": GN 42,18-38

No terceiro dia José disse-lhes: "Deveis fazer o seguinte para salvardes a vida – pois eu temo a Deus –: se realmente sois gente honesta, fique um dos irmãos aqui no cárcere, e vós outros ide levar o trigo que comprastes para alimentar vossas casas. Mas trazei-me o vosso irmão mais novo, para que eu possa provar a verdade de vossas palavras e vós não preciseis morrer".

Eles aceitaram fazer assim, e diziam uns aos outros: "É justo sofrermos estas coisas, pois pecamos contra o nosso irmão. Vimos sua angústia, quando nos pedia compaixão e não o atendemos. É por isso que nos veio esta desgraça". Rúben lhes disse: "Não vos adverti para que não pecásseis contra o menino? Mas vós não me escutastes, e agora nos pedem contas do sangue dele".

Eles não sabiam que José os entendia, pois lhes falava por meio de intérprete. Então, José se afastou deles e chorou. Pouco depois, voltou e falou com eles; escolheu Simeão e mandou amarrá-lo, à vista deles. José mandou que lhes enchessem de trigo os sacos, colocassem neles o respectivo dinheiro e lhes dessem provisões para o caminho. E assim se fez.

Eles carregaram o trigo sobre os jumentos e partiram. Quando, no lugar onde pernoitaram, um deles abriu o saco para dar ração ao jumento, viu que o dinheiro estava na boca do saco. Ele disse aos irmãos: "Devolveram-me o dinheiro, está aqui no saco". Então, perderam a coragem e, muito preocupados, diziam uns aos outros: "Que será isso que Deus está fazendo conosco?".

Retornando junto ao pai, Jacó, na terra de Canaã, contaram-lhe tudo o que havia acontecido e disseram: "O homem que governa aquela terra falou-nos com dureza e nos tratou como espiões do país. Nós lhe dissemos: 'Somos gente honesta, não somos espiões. Éramos doze irmãos, filhos do mesmo pai; um desapareceu e o menor está, no momento, com o pai na terra de Canaã'. E nos disse o homem que governa o país: 'Nisto saberei se sois gente honesta: deixai comigo um de vós, levai mantimentos para matar a fome de vossas famílias e parti. Trazei-me, depois, o irmão mais novo. Assim saberei que não sois espiões, mas gente honesta. Então vos devolverei o irmão e podereis circular pelo país'".

Quando esvaziaram os sacos, encontraram a bolsa de dinheiro em cada saco. Vendo as bolsas com o dinheiro, tanto eles como o pai ficaram com medo. Jacó, o pai, lhes disse: "Ides deixar-me sem filhos! José desapareceu, Simeão já não está aqui e quereis levar Benjamim também? Tudo se volta contra mim!". Rúben disse ao pai: "Poderás matar meus dois filhos, se não te devolver Benjamim. Confia-o a mim, que eu o devolverei a ti". Ele lhe respondeu: "Meu filho não descerá convosco. Seu irmão morreu, só resta ele. Se, na viagem que ides fazer, lhe acontecer uma desgraça, de tanta dor fareis descer este velho de cabelos brancos à morada dos mortos".

Após a prisão, José os coloca em xeque: se pretendeis ser confiáveis, trazei-me o irmão mais novo. Mas para não morrerdes de fome, levai o trigo. Aqui aparece claramente esta antinomia: que uma mente não purificada somente com muita dificuldade consegue ver, como uma única realidade de amor, a bondade e a exigência. Os irmãos não responderam, "aceitaram" (cf. v. 20), mas começaram a atribuir um ao outro a culpa que pesa sobre eles. Esse "um ao outro" já havia sido sublinhado por Jacó, no começo do capítulo, quando lhes dizia: "Por que ficais olhando uns para os outros?" (v. 1). Olhavam-se uns aos outros e não viam José. Agora começam a atribuir uns aos outros a culpa que pesa sobre eles, por causa de José. Rúben toma a iniciativa com o clássico raciocínio do "eu disse". Mas, agora, não adianta. Não basta o "se me tivésseis escutado". Não bastam as palavras, são necessárias as pessoas. Apenas o único irmão ausente, José, que para todos estava praticamente morto, tem nas mãos o fio da história deles. O "morto" é o verdadeiro protagonista, o ausente é o verdadeiro presente, na história. José mantém a família em xeque: Simeão está nas prisões do Egito, Benjamim está com o pai em casa. Será que a família não mais ficará unida?

Pela primeira vez, no v. 28, os irmãos ligam os acontecimentos a Deus. E é interessante que conseguem fazer isso depois de reconhecerem o próprio pecado. Reconhecer-se pecador é o início de uma vida de fé. No trigo doado e no dinheiro restituído por José aos seus irmãos, há também uma grande imagem do perdão: não só não devemos justificar ou satisfazer nada daquilo que fizemos, mas até mesmo nos é restituído aquilo que demos como "perdão".

Agora nos é dito abertamente que a primeira pessoa a ser posta em jogo é o pai. Até o momento, os irmãos não haviam entendido isso. No máximo, haviam conseguido reconhecer que tinham feito mal. Somente agora compreendem que está em jogo a vida do pai: "Ides deixar-me sem filhos". Há, portanto, esta difícil relação entre filhos e irmãos. É a nossa questão fundamental, como seres humanos: todos somos filhos do mesmo Pai, mas dificilmente somos irmãos. Os irmãos de José tomaram consciência de que tinham eliminado um irmão. Não compreenderam, no entanto, que também este era filho do mesmo pai. Quem está em questão é o pai.

Rúben continua raciocinando segundo a lógica do equilíbrio do sangue. Contudo, não chega ainda a oferecer a si mesmo, mas algo do que é seu: seus filhos...

PARA SUPERAR O MOTIVO DO TRIGO: GN 43

Ora, a fome grassava pela terra. Acabadas as provisões trazidas do Egito, o pai lhes disse: "Voltai para comprar para nós alguns alimentos". Mas Judá respondeu-lhe: "Aquele homem nos jurou: 'Não me apareçais sem vosso irmão'. Se deixas ir conosco nosso irmão, desceremos para te comprar as provisões. Se não o mandas, não vamos descer, pois aquele homem nos disse: 'Não apareçais sem o vosso irmão'".

E Israel disse: "Por que me fizestes esse mal, contando àquele homem que tínheis outro irmão?". E eles lhe responderam: "Aquele homem nos interrogou insistentemente sobre nós e nossa família e nos perguntou: 'Vosso pai ainda está vivo? Tendes algum outro irmão?'. E nós respondemos segundo as perguntas. Podíamos acaso saber que ele ia nos dizer: 'Trazei vosso irmão?'"

Judá, então, disse ao pai, Israel: "Deixa ir comigo o menino para que possamos pôr-nos a caminho e conservar-nos vivos; do contrário, morreremos nós, tu e nossos filhos. Responsabilizo-me por ele, de mim tu o reclamarás. Se não o trouxer de volta, colocando-o em tua presença, serei culpado para sempre diante de ti. Se não nos tivéssemos atrasado tanto, já estaríamos de volta pela segunda vez".

Disse-lhes o pai Israel: "Sendo assim, fazei o seguinte: escolhei para bagagem alguns dos melhores produtos desta terra e levai-os como presente a esse homem: um pouco de bálsamo, um pouco de mel, especiarias, resina, terebinto e amêndoas. Levai convosco o dobro de dinheiro para devolver o que foi posto nos sacos, pois talvez tenha sido um engano. Tomai vosso irmão e retornai para junto desse homem. E o Deus Poderoso vos obtenha a compaixão desse homem para que deixe voltar convosco o irmão refém e Benjamim. Quanto a mim, se tiver de ser privado de meus filhos, que seja". Levando consigo presentes, o dobro de dinheiro e Benjamim, desceram para o Egito e apresentaram-se a José.

Assim que José viu Benjamim com eles, disse ao mordomo: "Faze entrar estes homens em casa; mata um animal e prepara-o, pois estes homens comerão comigo ao meio-dia". O mordomo fez o que José lhe tinha ordenado e os introduziu na casa de José.

Enquanto entravam na casa de José, cheios de temor diziam entre si: "É por causa do dinheiro da outra vez, colocado em nossos sacos, que nos trazem aqui. É um pretexto para nos espoliar e cair sobre nós, fazendo-nos escravos com nossos jumentos". Aproximando-se do mordomo, falaram-lhe à entrada da casa, dizendo: "Perdão, senhor! Nós já viemos aqui uma vez para comprar

4. *Uma pedagogia severa*

mantimentos. Ao chegarmos ao lugar onde, na volta, passamos a noite, abrimos os sacos e vimos que o dinheiro de cada um estava na boca do respectivo saco. Nós o trouxemos de volta, com outra quantia igual para comprar provisões. Não sabemos quem pôs o dinheiro no saco". "Ficai tranqüilos – disse-lhes o mordomo – não temais! Foi vosso Deus, o Deus de vosso pai quem vos pôs este tesouro nos sacos. Eu recebi vosso dinheiro". E mandou trazer-lhes Simeão.

Depois de fazê-los entrar na residência de José, deu-lhes água para lavarem os pés e também ração aos jumentos. Eles prepararam os presentes, esperando que José viesse ao meio-dia, pois haviam sido avisados de que comeriam ali.

Quando José chegou a casa, eles lhe apresentaram os presentes que haviam trazido consigo, prostrando-se por terra diante dele. Perguntou-lhes se estavam bem e lhes disse: "Vosso velho pai, de quem me falastes, está bem? Ainda vive?". Eles lhe responderam: "Teu servo está bem, nosso pai ainda vive", e inclinaram-se profundamente. José ergueu os olhos e viu Benjamim, seu irmão, filho de sua mãe, e disse: "É este vosso irmão mais novo do qual me falastes?". E acrescentou: "Deus te seja favorável, meu filho". Ficou todo comovido por causa do irmão e estava prestes a chorar. Entrou, por isso, apressadamente nos aposentos, onde desatou em prantos.

Depois de lavar o rosto, reapareceu, fazendo esforços para se conter e disse: "Servi a comida". Serviram separadamente a José, aos irmãos e também aos egípcios que com ele comiam, pois os egípcios não podem comer com os hebreus, por ser isso coisa abominável para eles. Assim apresentaram-se diante dele por ordem de idade, desde o mais velho até o mais novo, olhando espantados uns para os outros. José mandou servir-lhes porções de sua mesa, mas a porção de Benjamim era cinco vezes maior do que a dos outros. Eles beberam e ficaram muito alegres em sua companhia.

Quando Judá finalmente disse: "Se não o trouxer de volta, serei culpado para sempre diante de ti", presenciamos a passagem relevante de toda a história. Não se trata mais apenas do irmão, e sim de algo contra o pai. No final, a conversa roda toda em torno do amor de Jacó. Mas foi muito difícil descobrir isso. Aqui Judá diz exatamente isto: "Serei culpado diante de ti, ó pai", embora a sua "conversão" não seja ainda transparente... tanto que José não o acolherá. De fato, ainda não é suficiente. Judá, no fundo, está dizendo isso porque tem fome, como se nota em seguida, na história.

Neste ponto, antes de continuar, é preciso tirar algumas conclusões espirituais. Os irmãos partiram, pela segunda vez, para o Egito por causa do trigo. Mas a história não pode terminar assim. Se a missão de José é procurar os seus irmãos, ele ainda não pode se dar a conhecer, uma vez que eles ainda não estão prontos para se reencontrarem como irmãos. O motivo ainda é a fome, não o amor do pai. Até não descobrirem que devem permanecer juntos por causa do amor do pai, José não se revelará.

Este é um ensinamento muito importante para nós. Quando passamos dificuldades, sofrimentos, tensões, somos tentados a acertar as coisas o mais rápido possível, geralmente ajeitando tudo com uma envernizada superficial. José, ao contrário, sob uma aparente dureza, usa uma pedagogia que os conduz aos verdadeiros pressupostos pelos quais os irmãos possam se reconhecer.

José não pode ter ficado satisfeito pelo simples fato de ter visto os irmãos. Ele chora, se comove, perdoa, mas ainda não pode se dar a reconhecer, porque seus irmãos continuam a raciocinar, partindo de uma motivação errada, a da necessidade, ao passo que o amor raciocina baseado no motivo da livre adesão.

A pedagogia usada por José é dura, exigente. Mas até que Judá não se propõe como garantia para Benjamim, as coisas não podem mudar. Somente neste ponto a história toma um rumo diferente, quando se começa a entender que é o pai que está em jogo. Não se recompõe uma unidade, uma família, uma estrutura social, uma família religiosa trabalhando apenas na dimensão sociopsicológica, ética, do arrependimento recíproco, do reconhecimento do mal praticado reciprocamente. Isso não é suficiente. É ainda o "trigo"

4. *Uma pedagogia severa*

ditado pela necessidade de sair da crise, de não ser falado, de não criar escândalo, de ficar bem... O trigo do Egito não basta. O motivo deve-se tornar apenas um: o Pai. Não poderemos ser realmente irmãos, sem descobrir que somos filhos de um único Pai e que é justamente seu amor que está em jogo. Na liturgia bizantina, o diácono convida os fiéis a se amarem mutuamente como condição para poderem cantar o Credo: "Amemo-nos uns aos outros para que possamos confessar, em unidade de espírito, a nossa fé".

No início da história, ao salvar a vida de José, Rúben deu um grande passo em relação aos seus irmãos. Outra mudança substancial é aquela que, agora, Judá evidenciou. Mas, embora ele tenha declarado: "Serei culpado", isso não é suficiente. É preciso dar outro grande passo: reconhecer que o amor do pai se personaliza em José, o predileto. Se, por meio dele, não se fizer essa descoberta, nada poderá acontecer entre eles. Talvez seja por isso que tenham dado a Benjamim cinco vezes mais alimento do que aos outros irmãos: foi para verificar se ainda estavam cheios de inveja como haviam invejado José por causa do amor preferencial que Jacó nutria por ele e por Benjamim.

Veremos, nos versículos seguintes, que a taça foi colocada no saco de Benjamim. Isso para verificar se os irmãos o teriam entregue ou não, por causa do furto, ou se, ao contrário, teriam considerado a questão como um fato de todos, comum a todos. Separando Benjamim deles, José quis ver se os demais irmãos iriam aproveitar a ocasião para ir embora livres, sem o menor, como tinham feito antes. Verifica-se também o motivo pelo qual não fizeram isso. Foi em vista do amor do pai por Benjamim, o mesmo amor que Jacó nutria por todos. O pai deles seria menos pai, e eles, menos filhos e menos irmãos, se tivessem agido de outra forma.

Espiritualmente, é significativo também o versículo que se refere à taça de José, no capítulo seguinte (Gn 44,5). Desse versículo podemos intuir que José usava essa taça para praticar certo exercício de vidência. Ora, sabemos pelos textos extrabíblicos que para os egípcios as taças tinham também essa função. A taça da qual

José tirava os seus presságios adquire, então, significado de problemática intercultural. Não devemos esquecer que José é, embora de malgrado, um emigrante, mas que se enraizou numa cultura diferente a qual, naquele tempo, representava também uma grande potência cultural.

Por meio da narrativa bíblica poderíamos, então, ler todo o problema da inculturação, do assumir valores culturais alheios, da transfiguração desses valores, da interação entre quem os assume e quem os comunica. Da mesma forma, seria interessante, sobretudo no contexto atual, percorrer o significado da diáspora sugerido pela narrativa. Uma diáspora que, de fenômeno de indivíduos isolados, chega a ser a de todo um povo, e que, de momento de salvação, se torna uma situação de escravidão.

A história de José revela assuntos interessantes: por exemplo, se a pátria está ligada à terra ou é princípio de vocação de um povo que encontra a sua pátria numa vocação espiritual, com a profundidade que uma tal visão implica, mais os grandes riscos de mal-entendido aí presentes. Basta pensar nos diferentes messianismos que apareceram na história.

Chegando ao Egito, José assume, com grande responsabilidade, a própria vocação, respira evidentemente a cultura egípcia, mas nunca ofusca quem primeiro ocupa o seu coração: o Senhor do seu pai, o Deus de Israel. Também não revela nenhuma sombra de dúvida sobre qualquer confusão sincretista, tentação muito freqüente em situações semelhantes. Também sob esse aspecto, sua história pode nos iluminar acerca do valor espiritual da cultura, de sua ligação orgânica com a fé, dos riscos da ideologização tanto de uma como da outra. Além disso, a narrativa dá a entender que o caminho do símbolo garante o caminho certo e leva a evitar tropeços. Também sobre o próprio significado da taça se sobrepõem as imagens bíblicas de sofrimento, sacrifício, amizade, fraternidade, aliança e até a própria taça que o Pai preparou para o seu Filho unigênito.

5

Por amor ao pai

"AGORA NOS TORNAMOS TEUS ESCRAVOS": GN 44,1-17

José deu ao seu administrador esta ordem: "Enche de víveres os sacos destes homens, quanto couber, e põe o dinheiro de cada um na boca do saco. Põe também minha taça, a taça de prata, na boca do saco do mais moço, com o dinheiro do trigo". O mordomo fez o que José lhe tinha mandado.

Ao amanhecer, deixaram partir os hebreus com seus jumentos. Estando eles ainda não muito longe, pois apenas tinham saído da cidade, José disse ao seu administrador: "Sai em perseguição desses homens e dize-lhes, quando os alcançares: 'Por que pagastes o bem com o mal? Não é, por acaso, esta a taça em que bebe meu patrão? É com ela que ele se põe a adivinhar. Fizestes mal em agir assim".

Quando os alcançou, repetiu-lhes o mordomo estas mesmas palavras. Eles responderam: "Por que fala assim o meu senhor? Longe de teus servos fazer uma coisa dessas! Até o dinheiro achado na boca de nossos sacos te trouxemos de volta da terra de Canaã, como, então, iríamos furtar ouro ou prata da casa do teu senhor? Morra aquele de teus servos em cujo poder se encontra a taça, e nós sejamos reduzidos a escravos do teu senhor". E ele respondeu: "Quanto ao que dizeis, fica assim: aquele com quem eu encontrar a taça será meu escravo, e vós outros estareis livres". Cada um descarregou depressa o saco em terra e o abriu. Começando pelo mais velho e acabando pelo mais novo, o mordomo os examinou e a taça foi encontrada no saco de Benjamim.

Então, num gesto de dor, eles rasgaram as vestes, carregaram de novo os jumentos e voltaram à cidade. Quando Judá chegou com os irmãos à residência de José que ainda aí estava, prostraram-se com o rosto por terra. José lhes perguntou: "O que foi que fizestes? Não sabíeis que um homem como eu é capaz de adivinhar?". Judá respondeu: "O que podemos dizer a meu senhor? Como falar, como mostrar nossa inocência? Deus descobriu a culpa de teus servos. Tanto nós como aquele em cujo poder foi encontrada a taça nos tornamos, agora, teus escravos". Ele, porém, respondeu: "Longe de mim fazer isso! Aquele com quem se encontrou a taça será meu escravo. Quanto a vós, voltai em paz junto de vosso pai".

Os irmãos estavam vivendo um momento de humilhação: também ao irmão chega-se, fazendo-se seu servo. Deviam passar pelo caminho da humilhação! Declaram-se escravos de José: a pessoa se autocondena. De fato, não é José que prende Benjamim. Foram eles que o entregaram, do mesmo modo como eles mesmos se entregaram como escravos.

Na verdade, aqui termina a narrativa de José. Aqui é o ápice! Judá toma a palavra e explica a situação: não podem voltar em paz para Jacó, se não estiverem todos juntos. A vida de um está ligada à vida do outro. Não poderão voltar para o pai, se não estiverem todos juntos. Uma vida requer a outra.

Aqui, agora, revela-se o grande mistério da narrativa: para além do ciúme, das invejas, da suspeita, no fundo, no fundo, eles são irmãos. Não podem realizar-se senão juntos, ajudando-se mutuamente. A vocação só se pode realizar com os outros. Uma pessoa pode realizar muitas coisas na vida, mas se não levar em conta os outros como irmãos, no único amor do Pai, não responderá sinceramente a sua vocação à vida. Na vida espiritual, quando isso se realiza em Cristo, torna-se o verdadeiro horizonte no qual devemos nos mover e pensar. Sob muitos preconceitos, seja em nível pessoal, seja étnico, religioso, social etc., nossa fé nos mostra que a vocação do ser humano se cumprirá, se retornarmos ao Pai, levando em conta os outros. Não podemos voltar para ele, sem os irmãos.

Segundo 1Jo 4,7ss, onde se manifesta a ligação entre o amor e o conhecimento, não podemos proclamar que acreditamos no nosso Deus, sem nos sentirmos irmãos uns dos outros. Professamos um único Deus Pai. Portanto, todos nós somos frutos do amor do mesmo Pai. Por conseguinte, cabe-nos o dever de retornar para o Pai com nossos irmãos. E procurá-los significa ir pelos caminhos do mundo por meio da lógica pascal, até compreendermos e nos sentirmos parte dessa humanidade. É como uma corrente: levanta-se um elo e este arrasta consigo todos os outros, porque estão interligados. Sentir que toda pessoa, em qualquer situação que se encontre, é minha irmã. Tudo isso não pode ser reduzido a um imperativo ético, porque a nossa vontade ética não é capaz de realizar tal imperativo. Significa, isto sim, abrir-se àquele Amor que é força real e que leva as pessoas a verem a própria realização no organismo universal de relações livres. Trata-se de uma ética capaz de realizar aquilo que exige. É o amor do Pai em nós que age e nos leva a ver o outro como irmão, porque filho do mesmo Pai. Não se pode fazer uma leitura superficial, simplista. Não significa que, pouco a pouco, todos juntos estaremos diante do Pai. A história de José no-lo revela. Significa, antes, descer aos abismos da Páscoa por causa do sofrimento que a ausência dos irmãos provoca.

A nossa civilização humanista, democrática e tecnologicamente evoluída, tem, cada vez mais, numerosas e diversificadas minorias e cada vez mais amplas e silenciosas maiorias que não são representadas por ninguém, por nenhum órgão social e político. Quem percebe que se trata de pessoas com dramas, que lançam gritos para ouvidos moucos? Iremos ao encontro do Pai se assumirmos e participarmos da vida dessas minorias abandonadas, violentadas, nunca ouvidas, jamais consultadas. Participamos com Cristo do drama da história, sem ver os resultados minimamente esperados. No entanto, em nome do amor do Pai e do sacrifício de seu Filho, não temos o direito de esquecer e atrofiar o coração.

Esta unidade na narrativa sobre o amor de Jacó não é, no sentido histórico, garantia de um final sempre feliz. Aprofunda-se na escatologia, porque Cristo, que realizou essa unidade, compôs a família dos seres humanos com Deus Pai, reconciliou o que está no Céu e o que está na Terra, no qual tudo subsiste, demonstrou, com o seu comportamento, que nos fenômenos da história não é assim que acontece. Estamos todos unidos em Cristo, mas na nossa história devemos ainda revelar essa verdade. É por isso que devemos viver como filhos e irmãos – como de fato somos – numa história onde parece que ainda não o somos. É essa a nossa crucificação, ou seja, a nossa participação à crucificação de Cristo, à sua entrega realizada uma vez para sempre a fim de derrubar o muro da inimizade e pacificar tudo em seu sangue.

De fato, é preciso evitar certo infantilismo psicológico e sociológico, conscientes de que somente em Cristo, no qual tudo subsiste, eu posso encontrar o outro como irmão.

Há coisas, no outro, que me incomodam, que não tolero. Meus sentidos se revoltam, quando quero me aproximar dele e considerá-lo como irmão. No entanto, é em Cristo, que o amor do Pai o alcançou. E é em Cristo, o Filho predileto, que também eu, pelo Espírito Santo, clamo "Abbá" com aquele outro que não tolero. Porque é em Cristo que o assumi como filho do Pai e seu irmão. Portanto, meu também. Mediante o amor de Cristo, o Espírito Santo me leva a acolher esse "outro" como irmão. Todavia, entre nós dois, ainda por um bom tempo, poderão existir muitas dificuldades e resistências, até chegarmos "ao estado de adultos, à estatura do Cristo em sua plenitude" (Ef 4,13).

"A VIDA DE UM ESTÁ LIGADA À VIDA DO OUTRO": GN 44,18-34

Aproximou-se, então, Judá e, com confiança, disse: "Perdão, meu senhor! Permite ao teu servo falar uma palavra aos teus ouvidos, sem que se acenda tua cólera contra mim. Pois tu és como o próprio faraó. Foi meu senhor quem perguntou a seus servos: 'Ainda tendes pai e algum outro irmão?'. E nós respondemos: 'Temos um pai já velho e temos o irmão mais novo, nascido em sua velhice. Este tinha um irmão, que morreu; ele é único filho de sua mãe que resta, e seu pai o ama com muita ternura'. Tu disseste aos teus servos: 'Trazei-o a mim para que eu possa vê-lo'. Nós te dissemos: 'O menino não pode deixar o pai. Se o deixar, o pai morrerá'. Mas tu disseste aos teus servos: 'Se não vier convosco o irmão mais novo, não me apareçais aqui'. Quando, pois, voltamos para junto do teu servo, nosso pai, lhe contamos

5. Por amor ao pai

tudo o que meu senhor tinha dito. Mais tarde, disse-nos o pai: 'Voltai para comprar alguns alimentos'. E nós lhe respondemos: 'Não podemos ir, a não ser que o irmão mais novo vá conosco. Se o irmão não nos acompanhar, não poderemos apresentar-nos àquele homem'. E o teu servo, nosso pai, respondeu: 'Bem sabeis que minha mulher me deu apenas dois filhos, Um deles saiu de casa e eu disse: um animal feroz o devorou. Até agora não apareceu. Se me levardes também este e lhe acontecer alguma desgraça, fareis descer, de desgosto, meus cabelos brancos à morada dos mortos'. Se eu voltar agora para teu servo, meu pai, sem o menino, a quem está intimamente afeiçoado, quando der pela falta do menino, morrerá. E nós teremos feito descer, de tristeza, à morada dos mortos o teu servo de cabelos brancos, nosso pai. Eu, teu servo, me tornei responsável pelo menino, ao tirá-lo do pai, e disse: 'Se não o trouxer de volta, serei eternamente culpado perante meu pai'. Deixa, pois, que teu servo fique como escravo de meu senhor em lugar do menino, para que ele possa subir de volta com os irmãos. Do contrário, como poderei voltar para junto de meu pai sem o menino? Não gostaria de ver meu pai atingido pela desgraça".

As palavras de Judá são o resultado do grande amadurecimento que se deu. Agora, Judá fecha o cerco: não somente eu sou a garantia de Benjamim, mas me substituo a ele, para que Benjamim possa voltar para casa, pois não poderei resistir ao ver a desgraça que atingiria meu pai. Agora, pela primeira vez, num dos irmãos, comovido e atingido pelo amor do pai, amadurece a convicção de não poder voltar para casa, sem o irmão.

A vida de um está ligada à vida do outro. A vida das pessoas é o amor do Pai criador. Porque participamos desse amor de Deus Pai é que existimos. E é nesse mesmo amor que estão inscritas a vocação e a missão de todo ser humano.

Mas, como sabemos, o amor é, em seu núcleo, adesão livre e relacionalidade livre. Por isso, a pessoa pode negá-lo durante toda a vida, mesmo que esta tenha vindo dele.

A história de José nos mostra que os irmãos não viveram em plenitude o amor do pai e puderam negar a fraternidade, essa ligação orgânica que havia entre eles, exatamente porque é ligação baseada na liberdade. O amor do pai se realiza nos filhos como um organismo único e vivo, como uma rede real de relações. Em todo caso, os filhos de Jacó vivem a verdade do amor paterno, porque até a negação e a recusa do amor são características de um amor verdadeiro. A verdade realizar-se-á plenamente quando os filhos acolherem e livremente aderirem a esse amor do pai. Aderir livremente ao princípio do amor paterno faz dos filhos irmãos. Nessa chave do amor do Pai se movem, portanto, a vocação e a missão de todo ser humano. E este, participando, no Espírito Santo, do amor do Pai (cf. Rm 5,5), é chamado a deixar-se penetrar inteiramente por esse amor e viver livremente as relações que esse amor o leva a descobrir. Assim, a missão de toda pessoa que ora diante do seu Deus Pai é passar dessa relação filial com Deus à relação fraterna com os outros. Só assim poderá com todos dirigir-se ao Pai, numa verdadeira atitude filial.

Há outro elemento importante, que aparece no final da narrativa, quando Judá declara que a vida de um está ligada à vida do outro A única realidade que não desapareceu na história de José e não se perdeu, embora tenha sido esquecida, não entendida, nem conscientemente assumida, é o amor de Jacó. Esse amor que vive nos filhos e que não pode ser esquecido, porque ressuscitará neles como amor fraterno. De fato, no final, com os filhos reunidos em torno do seu leito de morte, Jacó poderá abençoá-los, porque verá seu amor conscientemente assumido por eles como amor fraterno. E os filhos o personalizam e o encarnam. Quanto mais amadurece o amor fraterno, mais maduro se torna o amor de filhos e mais plenamente realizado o amor de pai. Isso significa que, na verdade, existe um valor que podemos realmente chamar de "o valor". Ele está na base de todos os nossos desejos, de todos os nossos esforços, de toda a nossa atividade: é o amor criador do Pai. O homem pode viver desvinculado desse amor, pode até mesmo negá-lo, mas jamais poderá destruí-lo, porque é um valor que ressuscita sempre, é uma realidade que age com base no princípio pascal.

5. Por amor ao pai

Até no discurso muitas vezes tão acalorado sobre os valores, a história de José, com essa visão teológica, nos diz que todo valor é tal quando provém do único valor fundante: o amor do Pai vivido pelos filhos e ressuscitado nos irmãos. Todo valor é tal, quando ajuda as pessoas a aderirem livremente à fraternidade entre todos os seres humanos. Tudo aquilo que não leva à livre adesão, à fraternidade, à comunicação cada vez mais universal, a descobrir a unicidade do amor que nos cria a todos, não é valor, e, sim, ilusão, engano, espécie de idolatria cultural.

No final da narrativa de José, durante o tempo de carestia e de uma tragédia fratricida, aparece a cultura do amor, ou melhor, uma cultura entendida como tecido no qual a atividade humana, a sua criatividade, respira e recebe vida do único valor inquebrantável que é o amor do Pai e que dirige o universo para uma filiação e uma fraternidade consciente. Nesse contexto, não é possível nenhum verdadeiro discurso religioso, nenhuma interpretação da fé cristã que não assuma como seu ponto central a realidade do amor do Pai vivida como filhos e irmãos. Levar em conta essa realidade não significa trancá-la na esfera do empenho ético, moral, social, e colocá-la de lado, mas criar, agir, procurar, pensar qualquer coisa somente a partir do amor do Pai.

Portanto, aqui, também se requer a sobriedade espiritual. Dado que, hoje, os grandes valores humanistas da nossa civilização já se afastaram da esfera espiritual de fé na qual nasceram, corre-se o risco de compreendê-los de maneira infantil ou reduzida a uma das ideologias que servem de pano de fundo para a compreensão cultural. Podemos ver esse fenômeno no que se refere à tolerância, à solidariedade, à justiça etc.

Tentemos, por exemplo, nos aproximar do fenômemo da imigração, com o termo da acolhida. Trata-se de um termo muito comum na Bíblia. Abraão acolhe os três hóspedes; Maria acolhe o Verbo, e assim por diante. Ora, vemos que a acolhida é um fenômeno que tem uma poderosa força transformadora. Aquele que acolhe faz uma passagem, um amadurecimento. E também quem é acolhido não permanece como antes. Algo acontece: é a verdade da pessoa que se realiza, a verdade do ser humano feito à imagem da Trindade e que vive em plenitude, quando participa das relações.

Uma acolhida verdadeira é a Páscoa do ser humano, é a sua morte e ressurreição. Morre-se para algumas coisas e ressuscita-se para outras; morrem algumas realidades e ressuscitam outras.

Uma dinâmica assim é diferente da solidariedade infantil que, incapaz de suportar a renúncia e o sofrimento que a acolhida implica, procura unicamente satisfazer o próprio egoísmo.

Hoje, corremos o risco de perder a verdadeira identidade, em prejuízo de uma solidariedade e tolerância entendidas de modo simplista, em vez de viver a nossa identidade no sentido pascal, acolhida do outro. Em todo verdadeiro encontro interétnico, intercultural, acontece algo de forte, de pascal. Tudo amadurece. É o que sugere a história de José que acentua a acolhida e a solidariedade espiritual necessárias para se viver unidos no meio de diferentes mentalidades, etnias, raças, religiões etc.

Quando os irmãos voltam para Jacó, nenhum deles é mais como antes. Todos estão mais maduros: os irmãos, José e também Jacó.

"FOI PARA CONSERVAR-VOS A VIDA QUE DEUS ME ENVIOU À VOSSA FRENTE": GN 45,1-15

> Então, José não pôde mais conter-se diante de todos os que o rodeavam e gritou: "Mandai sair toda a gente". E assim, ninguém mais ficou com ele quando se deu a conhecer aos irmãos. José rompeu num choro tão forte, que os egípcios o ouviram e até mesmo a casa do faraó. E José disse a seus irmãos: "Eu sou José. Meu pai ainda vive?". Mas os irmãos não conseguiam dizer nada, pois ficaram estarrecidos diante dele. José, cheio de clemência, disse aos irmãos: "Aproximai-vos de mim". Tendo eles se aproximado, ele repetiu: "Eu sou José, vosso irmão, que vendestes para o Egito. Entretanto, não vos aflijais, nem vos atormenteis por me terdes vendido a este país, pois foi para conservar-vos a vida que Deus me enviou à vossa frente.

5. Por amor ao pai

De fato, este é o segundo ano de fome no país, e durante outros cinco não haverá semeadura nem colheita. Deus me enviou à vossa frente para assegurar-vos a sobrevivência no país e preservar-vos as vidas para uma libertação grandiosa. Portanto, não fostes vós que me enviastes para cá, mas Deus. Ele me constituiu tutor do faraó, administrador de todo o palácio e governador de todo o Egito.

Voltai depressa para dizer a meu pai: 'Assim diz teu filho José: Deus me constituiu administrador de todo o Egito. Desce, pois, para junto de mim, sem tardar. Habitarás na terra de Gessen e estarás perto de mim com os filhos e netos, com as ovelhas e bois e tudo o que tens. Lá, eu te sustentarei, pois ainda restam outros cinco anos de fome, para que não venhas a cair na indigência com a família e tudo que tens'. Com os vossos próprios olhos estais vendo, e meu irmão Benjamim o vê com os seus, que sou eu mesmo que vos falo. Contai a meu pai quanto é o meu prestígio no Egito e tudo que vistes; e apressai-vos em trazer para cá meu pai".

Então, abraçou seu irmão Benjamim e pôs-se a chorar. Benjamim também chorava, abraçado a José. Em seguida, beijou todos os irmãos, chorando enquanto os abraçava. Depois, os irmãos conversaram com ele.

Este foi exatamente o discurso de Cristo aos discípulos de Emaús. Era necessário que acontecesse tudo isso, um plano providencial. O caminho do amor passa pelo mal que se sofre. Mas há algo mais: o mal que os irmãos de José fizeram se converte em bem. Portanto, vê-se que o mal não tem consistência.

O mesmo vale para a leitura que fazemos da história: se for uma leitura meramente humana, ressaltaremos muitos defeitos, muitas falhas, muito mal. No entanto, do ponto de vista do amor de Deus, que não tem formas preestabelecidas para se revelar, a história narra o bem e nos ensina a ler também seus lados obscuros, as tragédias, o mal.

José soube ler a história desse modo, diante de quem lhe prejudicou. É a mesma lógica dos discípulos de Emaús: "Como sois sem inteligência e lentos para crer em tudo o que os profetas falaram! Não era necessário que o Cristo sofresse tudo isso para entrar na sua glória?" (Lc 24,25-26).

A história é uma contínua Páscoa do Amor, de uma difícil relação divino-humana. E, talvez, chegamos ao fim de um período histórico no qual a divino-humanidade foi entendida de um modo preciso, preferencialmente filosófico, conceitual. Hoje, talvez, essa mesma crise na qual se encontra a nossa civilização nos convide a repensar essa relação em termos mais espirituais. Nada tirando da época que se encerra, nada rejeitando, mas incluindo todos os desmedidos esforços destes séculos, numa visão mais espiritual, partindo do Pai, da Pessoa trinitária, usando até uma terminologia mais espiritual, menos abstrata, mais filosófico-sapiencial e mais teológica. Para fazer jorrar de novo a fé e, portanto, a vida, que possa fazer fluir na nossa cultura e na nossa civilização um conteúdo vital, real e ativo. Para recompor as ligações, as relações, e tornar a vida mais bela.

No final deste percurso onde a figura que José colocou diante de nossos olhos é a do Pai, queremos concluir com uma citação de Edith Stein. Ela, em poucas palavras, expressa a mais genuína tradição cristã. Já os santos Padres preferiam não falar muito de Deus, em geral, e, sim, mais do Pai, considerando este nome superior ao de Deus. Todavia, em Jesus, no Espírito Santo, podemos chamá-lo de *Abbá*, termo carregado de toda ternura infantil. E, em cada experiência de se gerar a fé, saboreá-la como relação e o olhar espiritual sobre nós mesmos que nos transmite a redenção e a misericórdia do Pai.

> "[...] o seguimento de Cristo leva a desenvolver plenamente a primeira vocação humana: ser verdadeira imagem de Deus; imagem do Senhor da criação, conservando, protegendo e incrementando toda criatura; imagem do *Pai*, gerando e educando – com paternidade e maturidade *espiritual* – filhos para o reino de Deus. Não se pode certamente chegar acima dos limites da natureza por meio de uma luta individual contra a natureza ou da negação de suas fronteiras, mas somente mediante a humilde submissão à nova ordem concedida por Deus" (STEIN, Edith. *Incontro a Dio. Antologia di scritti spirituali*, M. Cecilia del Volto Santo (org.), Cinisello Balsamo, 1998, p. 101).

Sumário

1. Predileção que preserva uma vocação especial 5

A UNICIDADE E O AMOR: GN 37,2-11 5

Quando o amor provoca o ódio 6

O "algo mais" do amor 13

A primogenitura e a eleição 19

Os sonhos 20

"ESTOU PROCURANDO MEUS IRMÃOS": GN 37,12-20 26

Jacó envia José 27

"Tendo-o visto de longe, tramaram a sua morte" 29

UMA HISTÓRIA DE ENGANOS: GN 37,21-36 32

A noite na cisterna 35

O engano restitui o engano 37

2. Na hora da angústia, guarda o mandamento" 41

"O SENHOR ESTAVA COM JOSÉ": GN 39,1-6A 41

"NÃO DESANIMAR NO MOMENTO DA SEDUÇÃO": GN 39,6B-23 45

"Largou-lhe nas mãos o manto" 50

O bem punido 52

A SABEDORIA, DOM "DO ALTO": GN 40,1-19 54

O bem esquecido: Gn 40,20-23 56

3. José, senhor do Egito 61

A EXALTAÇÃO DE JOSÉ: GN 41,1-16.25-42.46-57 61

"Não eu, mas Deus" 63

Inteligência para ler a história 67

4. **Uma pedagogia severa** 71

OS IRMÃOS VÃO AO EGITO: GN 42,1-17 71

"É JUSTO SOFRERMOS ESTAS COISAS, POIS PECAMOS CONTRA NOSSO
IRMÃO": GN 42,18-38 77

PARA SUPERAR O MOTIVO DO TRIGO: GN 43 79

5. **Por amor ao pai** 85

"AGORA NOS TORNAMOS TEUS ESCRAVOS": GN 44,1-17 85

"A VIDA DE UM ESTÁ LIGADA À VIDA DO OUTRO": GN 44,18-34 88

"FOI PARA CONSERVAR-VOS A VIDA QUE DEUS ME ENVIOU
À VOSSA FRENTE": GN 45,1-15 92

Impresso na gráfica da
Pia Sociedade Filhas de São Paulo
Via Raposo Tavares, km 19, 145
05577-300 - São Paulo, SP - Brasil - 2005